Landkreis
Harburg

LANDKREIS HARBURG

LANDKREIS HARBURG

mit Texten von STEFANIE MAECK *und Fotografien von* MARTIN KUNZE

INHALT

Elbuferstraße, Laßrönne

Elbmarsch, Drennhausen

Elbe, Hoopte

Hof, Tespe

Birkenwald, Maschener See

Albert-Schweitzer Siedlung, Winsen

Feld, Salzhausen

Apfelblüte, Hoopte

Elbmarsch, Niedermarschacht

VORWORT

Joachim Bordt   Landrat

Der Landkreis Harburg, im Nordosten Niedersachens gelegen, südlich angrenzend an die Freie und Hansestadt Hamburg, reicht vom Urstromtal der Elbe bis weit in das Naturschutzgebiet Lüneburger Heide. Er umfasst dicht besiedelte, durch Wohnen und Arbeiten geprägte Bereiche, ebenso wie weite Kulturlandschaften und Naturbereiche. Hieraus ergibt sich ein reichhaltiges Landschaftsmosaik, das sich aus ausgedehnten Heide-, Marsch- und Geestlandschaften und zugleich aus Flusstälern, Höhenzügen und Moorflächen zusammensetzt, die Lebensqualität, einen hohen Erholungswert und touristische Attraktionen versprechen.

In wirtschaftlicher Hinsicht steht der Landkreis Harburg – ursprünglich agrarwirtschaftlich geprägt – heute für Innovation und Wirtschaftswachstum. Kennzeichnend für die wirtschaftliche Entwicklung ist die ausgewogene mittelständische Struktur und die hohe Gründungsintensität. Die Nähe zur Metropole Hamburg und die hervorragenden Verkehrsverbindungen durch ein dichtes Netz an Autobahnen, Bundesstraßen und Schienenwegen sind dabei ebenso entscheidende Standortvorteile wie die hohe Wohn- und Lebensqualität.

Mit den beschriebenen Veränderungen einher ging auch ein rasantes Bevölkerungswachstum. 1939 lebten 65.000 Menschen im Landkreis. Heute sind es fast 250.000.

Die sich aus diesem Facettenreichtum ergebende Vielfalt in einem Buch mit dem Anspruch auf Vollständigkeit und Objektivität darstellen zu wollen, wäre wohl kaum zu leisten. Aus diesem Grund nähern sich Dr. Stefanie Maeck in ihren Texten und Martin Kunze mit seinen Fotografien dem Landkreis von ganz unterschiedlichen Standorten, oftmals auch aus ungewohnten Perspektiven. Beide waren ein Jahr lang im Landkreis Harburg unterwegs, um ein vielfältiges Stimmungsbild über Arbeit und Wirtschaft, Kultur, Sport, soziales Engagement und den Naturreichtum einzufangen.

Entstanden ist ein Buch, so hoffe ich, das Ihr Interesse und Ihre Neugierde weckt, beim Lesen der Essays, Reportagen und Interviews und beim Betrachten der Fotografien nicht nur einmal auf Entdeckungsreise durch den Landkreis Harburg zu gehen. Es soll Sie vielmehr immer aufs Neue begeistern. Ich wünsche Ihnen eine interessante Lektüre.

REIN IN DEN LANDKREIS

SCHUSS INS SCHWARZE

BESSER WIE PARFÜM

SCHWARZTEEMANN

REIN IN DEN LANDKREIS

Existenzgründerin Angela Mathea wuchs in Rostock auf, studierte in Hamburg und zog 2001 in den Landkreis. Von ihrem Homeoffice in Seevetal ging ihr Portal »Frauen lieben Taschen« online. Den Sprung in die Freiheit hat sie nie bereut, denn sie fiel gewissermaßen ins gemachte Netz.

Angela Mathea, 44, hat eine Mission: Nächstes Jahr will sie unter den großen Drei sein. Das zumindest hat sie sich vorgenommen, unter die drei Top-Online-Portale im Netz zu kommen. Und bislang lag die hübsche Existenzgründerin mit den feuerroten Haaren, dem frischen nordischen Akzent und dem Sinn für Mode immer ziemlich präzise mit ihren Vorhersagen. Zum Beispiel damals, als sie als Betriebswirtschaftsstudentin mit einer Freundin am Bahnhof Dammtor in Hamburg wartete und verkündete: »Mit vierzig mache ich mich selbstständig.«

»Womit?« fragte die Freundin überrascht.

Mathea: »Bis dahin werde ich es wissen.« Dann fuhr der Zug ein.

Irgendwann dämmerte es der Controllerin: Es musste ein Online-Shop sein, das waren ganz klar die Zeichen der Zeit. Nach dem Studium landete Mathea bei Jean Pascale, ein Traumjob für sie, etwas mit Textilien und mit Zahlen. Innerhalb von zehn Jahren stieg sie dort beachtlich die Karriereleiter hinauf – bis zur Projektleiterin im Einkaufs- und Vertriebscontrolling. Doch an ihrem Entschluss änderte das nichts.

Pünktlich mit Anfang vierzig sagte sie: »Jetzt gehe ich über die Brücke.« Und dann fügte sich ein Puzzlestein zum nächsten. Mit Taschen konnte sich die Kauffrau am besten identifizieren und für Kosmetik fehlte ihr einfach das Knowhow. Außerdem, das hatte sie sich pfiffig überlegt, konnte bei Taschen die Retourenquote für einen Onlineshop nicht so hoch wie bei Kleidung sein, wo vielleicht doch ein Teil mal zwacken würde. Also ging ihr Onlineportal »Frauen lieben Taschen« am 1. August 2009 online.

Ihre Kontakte aus der Zeit in der Textilbranche nützten ihr, zuletzt hatte sie den Aufbau eines Onlineshops betreut, das zahlte sich aus, Mathea fand außerdem ein Lager in Hamburg für ihre Taschen. Ein Grundstock an Taschen lagert stets zu Hause, der Hauptteil aber ist im Lager, in dem Mathea, wie sie zugibt, gerne ist. »Ich denke dann immer, das sind alles meine Taschen.«

Wie Angela Mathea geht es vielen Gründern im Landkreis Harburg. Am Anfang ist da die eigene Idee, dann kommt der Sprung in die Selbstständigkeit. Mehr als 90 Gewerbeanmeldungen pro 10.000 Einwohner zählt der aktuelle Wirtschaftsreport, auf rund 160 Beratungen kommt die Wirtschaftsförderungsgesellschaft WLH 2011. Der Landkreis ist damit gründerstärkster Landkreis in Niedersachsen. Das tägliche Geschäft von Petra Zemke, Gründungsberaterin der Wirtschaftsförderung, sind solche Existenzgründerberatungen. Sie fokussiert dabei auf die Unternehmerpersönlichkeit und prüft, ob Geschäftsidee und Gründerperson zusammenpassen.

Im Vorfeld kann sie Fehler erkennen: Ist die Zielgruppe richtig eingeschätzt und der Markt? Sie glaubt, dass Gründerpersönlichkeiten Durchsetzungsvermögen, Entscheidungsstärke, eine hohe Zielorientierung sowie das Talent zur Selbstorganisation mitbringen sollten. Bei Angela Mathea stimmte es. Sie wählte für sich das Homeoffice im beschaulichen Seevetal, wo sie schon morgens um sieben oder acht am Schreibtisch sitzt und Bestellungen bearbeitet. Andere Gründer mieten sich im Gründerzentrum in Winsen ein, das annähernd vollständig vermietet ist. Nicht erträumt hätte sich Angela Mathea allerdings, dass sie es mit ihrer Idee bis in das Fernsehen schaffen würde. Der NDR filmte tatsächlich ihre Taschenpartys.

Wenn Mathea redet, fallen pausenlos Worte wie »retweet«, »Follower«, »140 Zeichen«, »Keyword«, »Googleoptimierung« oder »Social Media Rallye«. Angela Mathea entdeckte die Welt der Social Media für sich: Xing, Facebook, Twitter und Blogs. Und sie machte die Erfahrung, dass diese Welt keine Einbahnstraße ist: Im Gegenteil, auf ihr neu angelegtes Xing-Profil meldete sich gleich eine Unternehmerin und gab ihr den guten Tipp: »Twittern Sie!«

Also stieg Mathea ins Twittern ein, sie holte sich einen Autor aus Berlin, der ihr half, den Nachrichtendienst mit originellen Kurznachrichten zu füttern. Die Kunst sei es, den Leser »neugierig« zu machen, glaubt sie, »kreativ« zu twittern, das Ganze müsse unbedingt »einen Mehrwert« haben. Wenig erfolgreich hingegen sei eine Produktwerbung nach der anderen. »Der Kurznachrichtendienst ist die unglaubliche Möglichkeit, mit meinen Kunden direkt in Kontakt zu kommen, wo habe ich die sonst?«, fragt Mathea. Zu ihren Followern zählen mittlerweile ein TV-Moderator, ein Comedian und ein Schlagersänger. Petra Zemke von der Wirtschaftsförderung des Landkreises Harburg sieht es so: »Ein Online-Shop kommt sicher an Social Media nicht vorbei.«

Doch um Social Media effektiv nutzen zu können, braucht es ihrer Erfahrung nach eines ausgefeilten Marketingkonzeptes und der Analyse: »Welche Zielgruppe will ich ansprechen? Mit welchen Informationen? Welche Kanäle und Plattformen sind von Bedeutung? Was tun, wenn Negatives im Internet über mich verbreitet wird?« Wer sein Kerngeschäft nicht im Griff habe, dem nütze die beste Social Media-Strategie nichts.

Bei Mathea wirkte das Netz wie ein Katalysator. Mittlerweile rauscht sie mit ihrer Business-Tasche von »La Borsa Roma« und passendem Gürtel zu Veranstaltungen und hält Referate über den Einsatz von Sozialen Medien. Sogar auf der Hamburger Gründerwoche. Wenn sie von ihren Erfahrungen erzählt, ist es oft so still, dass man eine Nadel fallen hören kann. Viele der 150 Unternehmer an den Existenzgründerabenden sind oft noch ratlos, wie sie ihren Unternehmenserfolg über Twitter, Blogs und Co. steigern können.

Mathea twittert sogar, wenn sie wieder zu den Existenzgründerstammtischen der Wirtschaftsförderung nach Nenndorf in Böttchers Gasthaus geht. »Sehen wir uns?« Zwischen holzgetäfelten Wänden treffen sich dort vier Mal im Jahr die Existenzgründer in der realen Welt. Von Anfang an hatte Mathea aber auch Ideen für die nicht-virtuelle Welt: Taschenpartys hieß ihre unschlagbare Idee. Es war ein Sommerabend, erinnert sie sich, die Männer grillten auf der Terrasse, die Frauen wollten Salat machen, doch sie blieben an Matheas

Handtaschensammlung hängen. Schnell war Partystimmung da. »Die ist ja toll.« »Oder die.« »Schau mal, die.« In Mathea reifte der Entschluss, diese Stimmung zu nutzen. Inzwischen hat sie Taschenpartys von Itzehoe bis Holstein organisiert, mit Knabberzeug und Prosecco. Und sie staunt immer noch, wie prickelnd es ist, wenn der Funke überspringt und ihr die Taschen aus der Hand gekauft werden. Der Klassiker: Eigentlich jeden Abend hält eine Kundin ihre eigene Handtasche in der Hand. »Nee«, sagt Mathea dann, »die ist unverkäuflich.«

Angela Mathea bezeichnet sich als Netzwerkerin. Besonders gerne arbeitet sie mit Frauen zusammen. Auf einer Party lernte sie eine Schuhladenbesitzerin kennen. Das Ergebnis: Nun gibt es kombinierte Taschen- und Schuhpartys. Erfolg lebt eben auch von weiblichen Synergien.

Auch bei den regelmäßigen Gründerstammtischen geht es darum, sich auszutauschen. Mathea hat hier schon mit den Existenzgründern aus dem Gründerzentrum Winsen diskutiert. In dem funktionalen Bau am Löhnfeld 26 haben diese ihre Schreibtische aufgebaut. Bei 6,50 Euro liegt der Quadratmeter für Existenzgründer, kalt. Von der Anwaltskanzlei bis zur Agentur für Bildung und Kultur mit Namen »Kopfarbeiter« residiert dort ein bunter Branchenmix. Ein gewisser Service von Gäste-Empfang, Telefonannahme, Nutzung des Konferenzraumes oder der Pausenterrasse wird geboten, die soziale Isolation vermieden und Vernetzung mit anderen Gründern gefördert. Die Wirtschaftsförderung sieht es gerne, dass der Landkreis Harburg seit Jahren die Nase beim Gründen vorne hat.

Landkreis und Wirtschaftsförderung bauen aktuell ein neues Gründungs- und Innovationszentrum im Buchholzer Gewerbegebiet II. Dort sollen 40 neue Gründer arbeiten können. Bereits vor dem ersten Spatenstich hatte Wirtschaftsförderer Wilfried Seyer neun Bewerbungen auf dem Tisch. Auch die Wirtschaftsförderung will ihre eigenen Räumlichkeiten in das Zentrum verlegen. Die Hochschule 21 aus Buxtehude plant einen Ableger, so dass Wirtschaft und Wissenschaft sich gegenseitig inspirieren könnten und eine Fläche für Co-Worker ist vorgesehen, die sich tageweise einmieten können.

Doch die Gründungsmusik ist nicht immer nur verheißungsvoll. Nicht alle Jungunternehmer gründen aus der Festanstellung heraus wie Angela Mathea, viele müssen aus der Arbeitslosigkeit neue Perspektiven entwickeln. Im November 2011 zeichnete das Land Niedersachsen mit Christine Thomforde eine solche Kandidatin aus. Die damals 32-Jährige wurde »Durchstarter 2011«. Die Kinderkrankenschwester hatte sich mit »Flügelchen«, einer ambulanten Kinderkrankenpflege, die inzwischen auch im Landkreis Harburg aktiv ist, selbstständig gemacht. Dass die meisten Gründer ihre Idee nahe der vorigen Berufstätigkeit finden, ist typisch. Gründungsberaterin Petra Zemke sieht nach drei Jahren die erste kritische Phase geschafft, in der die Gründungssterblichkeit immer noch hoch sei.

Neben den Einzelberatungen gilt im Landkreis auch die »Gründungswerkstatt Harburger Land« als Jobmotor: Seit Bestehen betreute sie 650 Gründungsinteressierte, woraus immerhin fast 500 neue Unternehmen hervorgingen und knapp 80 Prozent der Teilnehmer in eine berufliche Selbstständigkeit starteten.

Angela Mathea konnte inzwischen zwei Preise für ihren Online-Shop »Frauen lieben Taschen« einheimsen: Zum einen den Moro-Sonderpreis, zum anderen nennt das neue Webadressenbuch für Deutschland ihre Seite 2010 als eine der besten 500 Web-Seiten in Deutschland zum »Einkaufen«. Mathea will sich weitere Sporen verdienen, als eine der Top-Drei-Adressen im Netz. Ihre Klickzahlen verrät sie aber nicht. Auch wenn im Netz fast alles verraten wird, gibt es eben auch das Netzgeheimnis.

SCHUSS INS SCHWARZE: VOM GASTARBEITER ZUM CDU-POLITIKER

Der Unternehmer Necdet Savural hat in Deutschland sein Glück gefunden.
Erst wurde er der erste deutsch-türkische Schützenkönig von Brackel, dann wurde er CDU-Politiker.

Ein Besuch in Brackel

Die grünen Männer starrten auf die Scheibe, als der Schuss aus einem sechs Millimeter-Kaliber feuerte. Der Treffer brachte die Integration in Deutschland voran und machte aus Necdet Savural den ersten deutsch-türkischen Schützenkönig von Brackel. »Kann dein Mann eigentlich schießen?«, hatten die Schützen zuvor seine blonde Frau Ursula geneckt. Dann stand fest: Das passive Vereinsmitglied Necdet Savural, 59, Gastarbeiter erster Generation, war ihr neuer Schützenkönig. »Habe ich Euch nicht gesagt, dass ich Scharfschütze bin?«, witzelte Savural. Seitdem hält sich dieses Gerücht hartnäckig in der Nordheide.

Da standen die Limousinen an Deck seiner Autofähre, zwei dunkle Mercedes-Benz. Karl-Heinz Büchel, 74, von allen bloß »Kuddel« gerufen, merkte an dem Gewicht, dass es besondere Passagiere waren. Dann sah er durch die getönten Panzerscheiben noch etwas: Waffen. Und dann stieg er aus: Helmut Schmidt, neben ihm Loki.

Was die hier wohl wollen, hat Karl-Heinz Büchel sich noch gefragt. Dann erfuhr er es: Loki suchte die Schachbrettblume, die in Rosenweide in der Elbmarsch blüht. Dafür musste das Paar die Elbseite wechseln, vom Zollenspieker auf der Hamburger Seite nach Hoopte in Niedersachsen. »Willst Du mich erschießen«, fragte Kuddel Helmut Schmidt im Spaß. Die beiden fanden einen Draht, snackten Platt, während sie auf die andere Seite schipperten. Über Büchel kreischen Möwen am Hoopter Fähranleger, er trägt diese blauen Seemannsmützen auf dem Kopf, wie sie die Männer im Hamburger Hafen lieben. Glänzende Mittelklassewagen rollen auf seine Autofähre, Ausflügler blicken auf den schnell fließenden Strom. Enten suchen unter den Ausflugsbänken nach Krümeln der Fischbrötchen. Hinter Karl-Heinz Büchel schmiegen sich die Klinkerhäuser an den Elbdeich. Seine blauen Augen tränen. Vom Elbwind, der pfeift und die Wangen in dem runden Gesicht rötet.

Seit über 25 Jahren betreibt Karl-Heinz Büchel am Stromkilometer 598,5 die Fähre Zollenspieker. Mit einem metallischen Klackern wehen die Fahnen im Wind. Eine deutsche, eine holländische, tschechische und polnische für all die dicken Pötte, die vorüber fahren. Nach Jahren an den Landungsbrücken in St. Pauli, wo Büchel an Brücke sieben mehrere gut laufende Barkassen unterhielt, kam er hierher, genau an die Grenze von Hamburg und Niedersachsen.

Es war Mitte der Achtziger, als Büchel am Zollenspieker einen Neuanfang wagte und einen maroden Fährbetrieb übernahm, der 1983 stillgelegt worden war: »Der war pleite. Ein Schrottladen.« Eigentlich wollte Büchel gar nicht. Doch dann gab er sich einen Ruck, finanzielle Unterstützung gab es keine. »Ich wollte, dass meine Enkelkinder später sehen, wie eine alte Fähre aussieht«, sagt er. Das Geld, das er an den Landungsbrücken verdient hatte, floss in den neuen Betrieb. Ein Neuanfang, den er nie bereute. »Ich bin ein Kind der Aufbaugeneration«, sagt er. »Kann anpacken.« Und ergänzt: »Keiner außer mir hätte das geschafft.«

Am Anfang fuhr Büchel mit eiserner Disziplin jede Tour, auch wenn die Fähre leer war, und setzte so eine Tradition fort, die an diesem Ort seit 1252 Bestand hat. Am ältesten Fähranleger Deutschlands wurde früher Salz aus Lüneburg nach Hamburg und Lübeck übergesetzt, von wo es weiter verschifft wurde.

Heute zählt das Team um Büchel zehn Mitarbeiter und vier Schiffe. Natürlich gibt es nicht jeden Tag zwischen Hoopte und dem Zollenspieker Sensationen wie Helmut und Loki an Bord der Autofähre, doch jeder Tag am Anleger ist ein guter Tag, denn Büchel liebt die Elbe. »Ich kann ohne sie nicht sein. Das ist besser wie Parfüm.«

Seine Liebe zum Strom begann mit acht oder neun Jahren. Er erinnert sich, wie er mit den Jungs auf St. Pauli die Kanister der Engländer zusammenband und mit Holzpaddeln durch den Hafen schipperte. Man habe die Kanister »organisiert«. Das muss 1946 gewesen sein, seine erste Hafenrundfahrt. Büchel ist ein Gewächs von St. Pauli, das jüngste von sechs Geschwistern, paukte mit 49 Schülern im Klassenzimmer in der Pestalozzischule an der Kleinen Freiheit. Er musste in Erdkunde auf der Karte zeigen, wo die Elbe liegt und sagte »Na, an den Landungsbrücken.«

Kuddel spielte Schlagball und schwärmte wie alle für Renate, die in einem Etablissement an der Kleinen Freiheit landete. Ab 17 arbeitet er als Hafenschipper, verkaufte schon mal Tauben auf dem Fischmarkt und später Aal und leckere Fischbrötchen vor seinen Barkassen an den Landungsbrücken. Der Zollenspieker wurde sein »Neuanfang«, wie Freund Ole, der Aalverkäufer vom Fischmarkt, im breiten Hamburgisch erzählt.

Zwischen Hoopte und Zollenspieker sei die Elbe am schönsten, sagt Kuddel heute, aber auch die Strömung sei an dem ein Kilometer breiten Abschnitt eine Herausforderung. Es ist diese Mischung, wenn das Wasser schäumt, der Geruch vom Elbwasser in die Nase schießt und die Morgensonne im Osten hinter dem Deich hochkommt, so um halb sechs. In diesen Momenten gratuliert der Fährmann sich zu seinem Job. Manchmal sind die Enten mit ihren Küken unterwegs. Frühaufsteher ist Büchel seit jener Zeit, als er auf St. Pauli vor der Schule um vier bei seinen Brieftauben heimlich rauchte. Kuddel erzählt viele Anekdoten und spricht das S mit spitzem Zungenschlag, richtiges Platt hat er sich wegen der Fahrgäste abgewöhnt.

Erst mit seiner vierten Frau Mirka klappt die Liebe zur Elbe: »Du bekommst mich zu fünfzig Prozent«, hatte er gleich gewarnt. Dann hatten sie geheiratet. Alle anderen Ehen waren an der Liebe zum Wasser gescheitert.

In roter Schürze steht Mirka, 56, mit blonden Haaren an Land. Im Fährimbiss. Vor Mirka in der Auslage liegen Fischfrikadellen, Matjesfilet nordischer Art in Öl und einer hellen Schrippe, Mandelhörnchen und starker Kaffee. Mirka greift zum Handy, um Kuddel zu suchen. »Einmal im Monat rufe ich ihn an und dann ist besetzt«, beschwert sie sich. Ihren Kuddel lernte sie im Hamburger Hafen kennen und verstand erst mal nur die Hälfte seiner wilden Geschichten. Wegen ihres noch schlechten Deutsch.

Dann biegt ihr Ehemann um die Ecke, klein und unauffällig schiebt er sich in seiner schwarzen Lederweste durch die Biker in Lederkluft. Mirka geht nicht gerne mit an Bord der mittlerweile vier Schiffe, dort wird sie seekrank. Ein Problem, das Kuddel überhaupt nicht versteht: Schunkelt es nach Backbord, beugt er sich nach steuerbord und umgekehrt. So lässt sich der stärkste Wellengang korrigieren. Tipp vom Kapitän.

Auch Mirkas Sohn Darek, 36, Kuddels Stiefsohn, ist im Einsatz und fährt seit über 16 Jahren mit seinem Lehrer, später soll er die Geschäfte übernehmen. Doch lange noch denkt

Kuddel nicht ans Aufhören. Er hat Erfahrung, die er vielen jungen Kapitänen voraus hat: »Die fahren doch heute wie die Henker«, brummt er. Auf der »Hoopter Möwe II« läuft die Heizung heute auf fünf, eine späte Wespe schwirrt in der Kabine. Darek steht am Steuer und kennt die Strecke im Schlaf. Trotzdem muss er wegen der Strömung wachsam sein. Es gibt einen Fernseher, auf dem Fußball an Bord geguckt werden darf. Vier Minuten braucht Darek mit Standgas, 7 km/h, hinüber auf die andere Seite. An sieben Tagen die Woche fahren sie bis zu 70 Mal hin und her. Büchel sagt, dass die Tage schon mal bis zu vierzehn Stunden zählen.

In der Saison schippert er gemeinsam mit Darek und der Barkasse Patrick sonntags um sechs vom Zollenspieker zum Fischmarkt an den Landungsbücken. Vorbei an der Hafencity, der Elbphilharmonie und der Kirchturmspitze des Michels. Wenn der Fluss im Morgengrauen erwacht. Zwei Stunden dauert die Tour, vom Elbdeich in Hoopte bis in die Hansestadt. Die Touristen dürfen unterwegs alles fragen, auch warum es Barkasse heißt: »Na, weil hier alles in bar gezahlt wird.« Neben der »Hoopter Möwe II«, mit der Darek an diesem Tag Autofahrer von einer Stromseite auf die andere bringt, gibt es die »Spieker Möwe«, die Barkasse »Patrick« – »Pätrick« spricht Kuddel das aus – und den großen Stolz: die »Käpt. Kudd'l«.

Karl-Heinz Büchel zeigt auf das drei Jahre alte Fahrgastschiff, das fest vertäut hinter dem Zollenspieker Fährhaus liegt. Blütenweiß. Ein Traumschiff. Es ist das erste Schiff, das er nach seinen Wünschen bauen ließ. In einer Spezialwerft in Bonn am Rhein. Mit einer hochmodernen Kommandobrücke, Granittanzfläche mit Sternenhimmel, vollklimatisiertem Salon und sogar hydraulisch absenkbar in der Höhe, so dass es besonders gut auf der Oberelbe fahren kann. 250 Fahrgäste passen auf das exklusive Schiff.

Es habe sich viel geändert seit seiner Zeit an den Landungsbrücken, eine »harte und raue Zeit als Schlepper«, erinnert sich Kuddel. »Früher fuhren wir Schlepper die Hafenarbeiter, manchmal auch die leichten Mädchen.« Mit der Umstrukturierung des Hafens habe all das aufgehört. Es sei die Zeit der Hafenrundfahrten gekommen, erst einfache, dann immer aufwändigere. »Heute möchten die Leute Weingläser auf den Tischen und ein Buffet«, erzählt Kuddel, während er vom Zollenspieker Fährhaus zurück zum Anleger läuft. Wie er das findet, sagt er nicht. Auch sein Betrieb ist mit der Zeit gegangen.

Auch heute kassiert der Chef noch auf der Autofähre. Bei Wind und Wetter mit einem Bauchladen bei Pendlern, älteren Herrschaften in Ausflugsstimmung. Er scherzt mit Bikern in Lederkluft oder Teenagern, die von der einen Elbseite zu den Freunden auf der anderen Seite wollen. Sein Freund Kuddel 2, eigentlich Karl-Heinz Puttfarken, 66, ebenfalls mit Hafenmütze, geplatzten Äderchen im Gesicht und Knopf im Ohr für die Funkverbindung, ist der zweite Mann für alles. Wie sein Chef Kuddel 1 steht er den ganzen Tag an der frischen Luft. Er lotst die Autofahrer aufs Schiff. Und er liebt das.

In Bullenhausen ist Chef Karl-Heinz Büchel eigentlich nur zum Schlafen oder Aal-Essen, den guten Aal vom Fischmarkt. Kuddel ist leidenschaftlicher Fischesser, und ein Fischrestaurant in Winsen findet seinen besonderen Zuspruch. Da fällt ihm eine seiner vielen Anekdoten ein: Die Bewohner der Hoopter Elbseite wurden früher »Putenbieter« genannt. Auf Plattdeutsch heiße das so viel wie »Putenbeißer«. Natürlich denke da jeder gleich an Fleisch. Auch Kuddel. Doch eines Tages traf er eine Frau an Bord, die es ihm erklärte.

Das sei eine Fischart, die in den Kanälen der Elbmarsch zu Hause sei, »ein minderwertiger Fisch«. Die armen Niedersachsen sollen ihn gegessen und sich bei den Hamburgern dafür den verächtlichen Namen eingefangen haben. Kuddel erzählt viele Geschichten. Auch die, wie er seine beiden Tätowierungen am Oberarm bekam, eine Geschichte davon, wie er sich nicht mehr erinnern konnte – nach einer durchzechten Nacht. Morgens wachte er mit bandagierten Armen und Tätowierung auf: Ein flammendes Herz und ein Anker.

»ICH BIN EIN SCHWARZTEEMANN«

Können Zahlen eine Erfolgsgeschichte erklären?
1.100 Mitarbeiter in Deutschland hat sie und 2011 einen Gesamtumsatz von 475 Millionen Euro.
Die Rede ist von der Laurens Spethmann-Holding. Wer versucht, das Geheimnis hinter den Zahlen
zu lüften, muss sich mit Laurens Spethmann verabreden. In seiner Familie gilt er als »rote Socke«.
Einst begann er mit einem Umsatz von 900.000 D-Mark, jetzt führen seine Söhne die Geschäfte.
Der Ausnahmeunternehmer erzählt vom Geheimnis des Erfolges.

Ein Treffen auf einen Darjeeling

Das Wichtigste bei einem Schwarzteemann, wie ich es bin, ist seine Zunge. Wer keine feine Zunge hat, glaube ich, wird in diesem Geschäft nicht erfolgreich. Ich habe das »Teatasting« noch von der Pike auf gelernt, in England war das. Meinen Großvater Laurens Janssen habe ich immer sehr bewundert, er war ein erfolgreicher Kaufmann, zumindest bis zum Kriegsanfang. Als er nach dem Kriegsende starb, war allerdings nicht mehr viel von unserer Firma übrig, bis auf unseren guten Firmennamen: Die Ostfriesische Teegesellschaft OTG war damals, als ich die Firma von ihm 1953 übernahm, sehr klein. Ich musste Geld verdienen, denn meine Mutter legte immer größten Wert darauf, dass ich fleißig arbeitete. Ich setzte mich also in meinen VW und fuhr nach Ostfriesland, Nordfriesland. Dort habe ich Tee in Kisten oder in Zehn-Kilo-Gebinden lose verkauft.

Die OTG war vor dem Krieg sehr florierend und mein Großvater pflegte stets in seinem Maybach mit Fahrer zur Kundschaft zu kutschieren, rechts neben ihm saß sein Dobermann. Das machte Eindruck, auch auf mich. Er fuhr durch die Gegend und verkaufte Tee. Ich machte plötzlich das Gleiche. Doch manchmal stand ich bei den Kunden, stand und stand. Ich wartete vielleicht eine halbe Stunde. Bis ich dran kam, waren meine Füße eisigkalt. Und es konnte passieren, dass der Ladenbesitzer endlos sprach, und wenn er fertig war, sagte: »Heute nicht.« Dann habe ich mich eben wieder in den VW gesetzt und bin zum nächsten Kunden gefahren. Das war eine interessante, aber auch eine schwierige Zeit. Ich wurde richtiggehend in das Geschäft hineingeschubst. Doch eines half mir: Ich konnte verkaufen und war deswegen erfolgreich. Natürlich war ich auch ziemlich jung und hatte mit alten Leuten zu tun. Die fragten manchmal: »Na, min Jung, verstaihst Du denn wat von Tee?«

»Als wir die Million überschritten, habe ich einen draufgemacht«

Wenn ich zurückblicke, berühren mich die Dimensionen immer noch: Damals war ich der einzige Verkäufer in meiner Firma, hatte eine Sekretärin und eine Buchhalterin. Mit einem Umsatz von 900.000 DM begann meine Firma. Als wir im nächsten Jahr die Million überschritten, habe ich ordentlich einen draufgemacht, habe gefeiert. Ich begann mein Vertreternetz in Hamburg auszubauen, das half mir, um weiter zu wachsen. Zwei Dinge änderte ich gleich, als ich die Firma im Jahr 1953 übernahm. Ich stieg aus dem Vanille-Geschäft aus, was mich im Grunde heute noch ärgert, wir importierten damals ja auch Vanille. Und dann begann ich die Tees, die wir verarbeiteten, selbst zu importieren. Vorher bezogen wir sie über den sogenannten »Hamburger Platz«, also den Hamburger Hafen, von alteingesessenen Händlern wie »Hällsen & Lyon«. Selbst zu importieren war eine clevere Idee. Die größte Umstellung und die schwerste Entscheidung meines Geschäftslebens war dann allerdings die Umstellung von losem Tee auf die Teebeutel. Es begann in den sechziger Jahren und ich fand es wie alle anderen Schwarzteeleute erst einmal scheußlich. Da war so ein Dünkel, die ganze Branche sah zwar die Entwicklung, aber die alteingesessenen Hamburger Teeleute waren besondere Menschen und einige konnten sich gar nicht mit der Entwicklung anfreunden. Ich war der erste von den Schwarzteemännern, der sich mit dem Thema Aufgussbeutel befasste. Und ich war wohl erst recht der Erste, der Kräutertee in Aufgussbeutel verpackte.

Ich erinnere mich noch an einen Engländer, der mich auf der Messe in Köln besuchte, eigentlich ein Freund, ich kannte ihn gut. Der sagte: »Laurens, this is not tea.« Und ich habe daraufhin entschieden: »Doch.« Und dann wurde das ein Riesengeschäft. Am Anfang habe ich es selbst noch irgendwie mit der linken Hand gemacht, ich war eben ein waschechter Schwarzteemann. Doch dann siegte meine Vernunft, als ich sah, wie sich das so enorm entwickelte. Das wurde ein riesiges Geschäftsvolumen. Unser erster Tee im Beutel war übrigens ein Schwarztee der Sorte »English Breakfast«. Damals verkaufte sich nämlich alles, was englisch klang, richtig prima. Unsere Marke »Milford« haben wir deswegen auch mit Bedacht ausgesucht, wir sagten uns: »Ja, das klingt gut englisch.« Es gibt eine charmante Geschichte, wie ich auf den Namen stieß. Als wir nämlich von Dorset auf dem Weg nach Southampton durch einen Ort namens »Milford on Sea« fuhren, hat es bei mir gleich geklickt. Ich habe am Straßenrand angehalten und unseren Markenanwalt angerufen: »Bitte den Namen Milford schützen, und zwar international«, sagte ich. Die Marke wurde dann weltweit, sogar in Amerika installiert.

»Wir wurden ›die Heidebauern‹ genannt, als wir in den Landkreis zogen«

Am Anfang waren eigentlich alle Teeverpackungen schrecklich, doch uns war das Ausse-
hen noch nie egal. Meine Frau liebte Grün, und es gab damals diese After Eight-Schokolade
in der grünen Verpackung. Es gibt eine nette Geschichte: Als unser Designer aus dem Be-
sprechungsraum ging und fragte, welche Grundfarbe wir eigentlich für unsere Marke nehmen wollten, hörte das meine Frau und rief spontan über den Flur: »Grün – wie After
Eight.« Das war's! Meine Frau hatte sowieso immer sehr gute Ideen. Auch heute noch
überwiegt in unseren Betrieben die Farbe Grün. Durch meine Frau landete die Firma auch
im Landkreis Harburg. Wir hatten ja nicht nur das Geschäft, sondern auch drei Kinder. Wir
wohnten anfangs in Eversen-Heide und arbeiteten im Hamburger Hafen. Meine Frau sorgte sich, dass sie sich nicht genug um die Kinder kümmern könnte. Sie war täglich in der
Firma, seitdem eine nicht so korrekte Buchhalterin uns fast in den Konkurs getrieben hätte.
Es gab damals Fehlbuchungen, und meine Frau sagte: »Das passiert uns nie wieder. Ab sofort mache ich die Buchungen.« Ein Glücksfall, denn sie war ein richtiges Naturtalent.
Sie hat eigentlich stets alles ausgebadet, was ich ihr einbrockte. Ich kam zum Beispiel von
Verhandlungen zurück und sagte, ich habe diese und jene Firma gekauft. Meine Frau regel-
te dann das Finanzielle, und für mich war der Fall erledigt. Ich brauchte lediglich den ver-
einbarten Kaufpreis zu sagen. Mindestens die Hälfte unseres Erfolges verdanke ich meiner
Frau.

Sie begann damals also zu bohren: »Warum machen wir unser Geschäft nicht von der
Heide aus?« Das war für mich wie ein Kulturschock, fast so schlimm wie die Teebeutel.

»Wir müssen unser Büro im Hamburger Freihafen haben, im Pickhuben 1 im ältesten
denkmalgeschützten Haus«, antwortete ich ihr. Doch es half nichts, wie so oft: Meine Frau
gewann den Kampf. Sie kümmerte sich ja auch um die Kinder – da durfte ich mich nicht
verschließen. Zuerst bezogen wir unser Büro in Jesteburg in der Querkoppel – in einem
Privathaus. Mit sechs oder sieben Mitarbeitern. Einige in der Branche nannten uns deswegen die »Heidebauern«, was mich erst traf, dann aber fanden wir es alle wiederum ganz
nett, es war jedenfalls ein Alleinstellungsmerkmal. Von Jesteburg zogen wir später nach
Hittfeld um. Wir wollten professionellere Räume haben, wir bauten damals gerade eine
neue Grafikabteilung auf. Die Dame, die diese leitete, ist auch heute noch bei uns. Tina
Metzger, »Tina M.« genannt. Viele fragten sich, »was wollen die mit einer eigenen Grafikabteilung?« Doch unser Geschäft wuchs und wuchs, und wir waren sehr stark im sogenannten »Private Label-Geschäft«. Die entscheidenden Marken wurden bei uns entwickelt. Für
große Kunden wie Aldi haben wir die Private Label-Marken entwickelt und produziert.
Das Aldi-Geschäft schob uns auch enorm an. Wir hatten beim Handel dadurch ein sehr

gutes Entree: »Wenn ihr Aldi beliefert«, sagten die Einkäufer zu uns, »dann müsst ihr gut sein.« Aldi trug dazu bei, dass wir langsam zum Marktführer wurden.

All das geschah im Landkreis. Er hat förmlich miterlebt, wie wir gewachsen sind. Ich habe mich ja immer ganz sportlich an der »Teekanne« orientiert, dem damaligen Marktführer. Alle haben geschmunzelt, doch ich sagte, »die werden wir vom Sockel runter holen, den Haufen aus Düsseldorf«. Das war mein Ziel, und ich habe es geschafft. Mittlerweile sind ja glücklicherweise meine Söhne im Geschäft. Im Jahr 2000 habe ich die Firma abgegeben, als ich merkte, dass ich nicht mehr so belastbar war. Zum Glück hatte ich meine kluge Frau, die mir sagte: »Du musst die Jungs jetzt auch mal ranlassen.« Jetzt sind beide über fünfzig, damals waren sie schon über vierzig. Doch sie bekamen die Firma von mir nicht umsonst. Das finde ich wichtig. Sie mussten bezahlen, Geld aufnehmen. Wenn man selbstständig ist, ist es ganz gut, wenn man eine gewisse finanzielle Last trägt, finde ich. Ich wollte ihnen das also nicht zu leicht machen, wenn ich an meine Ausgangssituation denke, hatten es unsere Kinder trotzdem viel leichter.

Zwischendurch haben wir auch mal Mist gemacht, wir hatten beispielsweise eine Gesellschaft gegründet, die hieß »Milford USA« – wir schickten unseren ältesten Sohn hin, quasi vom Flugzeug mit dem Fallschirm wurde der von uns abgelassen, sage ich immer, und dann musste der arme Kerl sich mit den Amis rumplagen. Es gab Zeiten, in denen wir rote Zahlen produzierten, irgendwann fanden wir jemanden, der den Laden in Amerika kaufte. Damals telefonierte man abends nach acht noch vom Wohnzimmer aus mit den Amerikanern, hatte nie Feierabend. Es war eine anstrengende Zeit. Und wir haben ja auch Tochtergesellschaften. Milford Tee Österreich, zum Beispiel. Onno Behrends und den Standort in Frankreich haben wir auch unter meiner Federführung gekauft, auch die Firma Keith Spycer.

Als ich mich zurückzog, tat ich das allerdings konsequent. Auch heute rede ich meinen Söhnen nicht dazwischen, erkundige mich kaum nach der Firma. Manchmal erzählen sie mir ein wenig, doch eigentlich wollen sie ihren eigenen Weg gehen, und das machen sie erfolgreich. Ich finde: Sie ergänzen sich großartig. Der Größere ist wie ich, der wirkt gut nach draußen, der Michael ist wie meine Frau, der hält alles schön zusammen. Beide Söhne respektieren sich und keiner kommt auf die Idee, dem anderen dazwischenzureden.

Es passt so gut zusammen, denke ich, weil sie so unterschiedlich begabt sind. Die haben das Teegeschäft wie ich von der Pike auf gelernt. Die beiden machen das großartig. Zum Glück für mich.

2000 war ich natürlich unterbeschäftigt. Ich hatte immer schon vor, eine Stiftung zu gründen. Meine Söhne behaupten ja immer, ihr Vater sei eine rote Socke. Also kam 2001 die Geschichte mit der Laurens Spethmann-Stiftung für mich dran. Ich bin stolz auf unser Paradeprojekt »LeA« in Neu Wulmstorf, da stehen ja nun zwei Laurens Spethmann-Häuser, und jetzt wird noch ein drittes gebaut, ein Marianne Spethmann-Zentrum. Gestern haben wir das Konzept bekommen. Ich denke mir dabei: Wir hatten Erfolg im Landkreis, wir haben unser Geld hier verdient, und wenn wir ein bisschen zurückgeben können, dann tun wir das gern. Seit weit über vierzig Jahren leben wir hier. Wir wohnen schräg gegenüber vom Bossard, tief hinten im Wald. Ich genieße das. Wir wohnen dort gut und fühlen uns richtig wohl. Wenn wir nach Hamburg müssen, brauchen wir nicht lange. Wir haben mal einen Versuch mit einer Wohnung in Hamburg gemacht, in der Rothenbaumchaussee. Doch das war nichts. Wenn wir nach Hamburg fahren, besuchen wir in der Hafencity immer auch das Meßmer Momentum, eine tolle Idee meiner Söhne. Da gehe ich gerne vorbei und trinke meine Tasse Tee, obwohl ich am Anfang dachte, meine Söhne spinnen, die sind jetzt wohl verrückt geworden, als sie mir von den Plänen erzählten. Wenn ich ins Momentum fahre, kündige ich mich nie an, die Mitarbeiter freuen sich trotzdem, glaube ich, wenn ich komme, und ich mich erst! Das war glaube ich immer eine Stärke der OTG, dass wir wenig Fluktuation der Mitarbeiter hatten, wir haben jeden Morgen unsere Leute begrüßt, meine Frau und ich liefen dabei treppauf, treppab. Jetzt gibt es ja in dem Neubau einen Fahrstuhl. Ich rufe meine alten Mitarbeiter auch immer noch an, wenn sie Geburtstag haben, und auch sie denken umgekehrt ganz reizend an mich. Wir hatten immer ein sehr persönliches Verhältnis. Das geht so weit, dass ich auch die Claudia aus der Kantine im Neubau der Firma noch umarme und mit ihr scherze, wenn ich mal da bin. Sie arbeitet in der Küche. Ich glaube, meine Söhne finden das nicht so gut. Sie sind etwas distanzierter als ich.

Meßmer Tee, Buchholz

Firma Bruno Bock, Marschacht

REWE Zentrallager, Stelle

Qualimed, Winsen

Möbel Kraft, Buchholz

E&K Automation, Rosengarten

Gewerbegebiet, Buchholz

Biogasanlage, Heidenau

Autohof, Rade

DER LANDKREIS IN ZAHLEN I

Kaufkraft pro Einwohner, in Euro: **22.500**

Kaufkraft über dem Bundesdurchschnitt im Landkreis Harburg, in Prozent: **20**

Bruttoinlandsprodukt pro Einwohner, in Euro: **17.291**

Gewerbesteuereinnahmen pro Einwohner, in Euro: **198**

Arbeitslosenquote im Jahresdurchschnitt, in Prozent: **5,0**

Zahl der sozialversicherungspflichtigen Beschäftigten, die im Landkreis arbeiten: **48.095**

Teilnehmer an der Gründungswerkstatt der WLH seit 2008: **über 500**

HAUS FÜR ALLE FÄLLE

GHETTO DER SELIGEN

HEY, WAS KÖNNT IHR?

LANDLUST

HAUS FÜR ALLE FÄLLE

Egal ob Mutter, Migrantin oder Arbeitssuchender – im Mehrgenerationenhaus Buchholz gibt es Angebote für jede Generation und Familienanschluss dazu. Dafür sorgt Mehrgenerationenhausleiterin Bärbel Wagner.

Man muss eine gute Gastgeberin sein, diese bestimmte Atmosphäre schaffen können, da ist sich Bärbel Wagner sicher. Sie sitzt an ihrem kleinen Schreibtisch, gleich neben dem Treppenaufgang im Mehrgenerationenhaus Buchholz, »Kaleidoskop« genannt. Von ihrem Schreibtisch aus blickt Bärbel Wagner auf einen großen Belegplan an der Wand gegenüber: Donnerstag »Pfannkuchen« steht dort und »Kreativwerkstatt«. Es ist zehn Uhr am Mittwochmorgen, und es riecht nach Zwiebeln. Bärbel Wagner ist die Leiterin des Kaleidoskops, ein Haus, das sich als bunter, vielfältiger Ort versteht. Sie hat wie jeden Morgen ein strammes Programm vor sich und das Sprachcafé wie jeden Mittwoch.

Doch zunächst sammeln sich ein Stockwerk tiefer drei junge Frauen, das erste Mal trifft sich die neue Mutter-Kind-Gruppe im Kaleidoskop. Im Raum mit dem Spielzeug am Boden ist es schummrig, fast andächtig hocken die Mütter mit ihren Babys auf dem Boden, sie tauschen sich aus: »Ich bin so froh, dass es euch auch so geht«, sagt eine. Bärbel Wagner steckt kurz den Kopf hinein und grüßt, die Frauen sind in ihr Gespräch über das Stillen und die Probleme dabei versunken, brauchen sie nicht.

Eigentlich ist Bärbel Wagner, 52, studierte Germanistin, die bereits über mundartliche Flurnamen geforscht hat, das war in Westerkappeln im Tecklenburger Land, in die Sache mit dem Mehrgenerationenhaus mehr oder weniger reingerutscht, erzählt sie, bescheiden und wie stets ein bisschen zwischen Tür und Angel auf dem Weg durch ihr Haus. Damals, als ihre eigene Tochter erwachsen war und die ehrenamtliche Arbeit immer mehr zunahm, fand sie sich irgendwann plötzlich in Leitungsfunkton im Mehrgenerationenhaus wieder. Sie sagt: »Wenn da das Gefühl einer Familie ist, eine Selbstverständlichkeit, dann habe ich es für diesen einen Tag wieder geschafft.«

Menschen verschiedener Generationen sollen im Mehrgenerationenhaus einen Tagestreffpunkt und ein Angebot finden. Dahinter steckt die Idee des Kontakts, des Austauschs. Die Menschen wohnen nicht etwa beisammen, wie viele beim Begriff »Mehrgenerationenhaus« vermuten, begegnen sich aber selbstverständlich bei verschiedenen Angeboten, die das Programm bietet. Wagner huscht nach oben an ihren Schreibtisch zurück, hebt ihr Telefon ab und behält Neulinge am Treppenaufgang mit dem Lifter für die Senioren im Blick. Währenddessen stehen ein paar Meter den Flur herunter Menice Bilgic aus der Türkei und Subeeta Kapor aus Afghanistan in der Küche des Mehrgenerationenhauses, sie sind für den Zwiebelduft verantwortlich. Ein Hühnchencurry köchelt auf ihrer Herdplatte, der Tisch für den generationenübergreifenden Mittagstisch ist schon gedeckt, zwölf Personen werden erwartet. »Alles klar bei Euch?«, fragt Wagner nach dem Telefonat auf schneller Stippvisite.

Täglich wird gemeinsam auf dem Markt eingekauft, die unterschiedlichsten Leute sitzen später am Eichenholztisch im Mehrgenerationenhaus. Von der Angestellten aus dem Büro bis hin zum Senioren wird das Angebot genutzt, einen Mittagstisch für fünf Euro zu bekommen. Es geht dabei nicht etwa ums Sparen, für den Preis könnte man genauso in der Einkaufspassage nebenan satt werden, es geht um Kontakt und Austausch.

Während Bilgic und Kapor ihren Salat schnippeln, bereitet die Diplom-Pädagogin Verena Helfrich im Nebenraum Unterlagen aus, lässt den Laptop hochfahren, legt ihre Notizen zurecht. Sie ist Mitarbeiterin eines privaten beruflichen Integrationsdienstes und heute das erste Mal im Mehrgenerationenhaus. Wenn es gleich an ihrer Tür klopft, wird sie sich auf einen jungen arbeitsuchenden Klienten konzentrieren und mit ihm überlegen, wie er wieder auf dem ersten Arbeitsmarkt Fuß fassen könnte. Grünpflanzen stehen hinter Helfrich auf dem Fensterbrett, Kerzenständer im Fenster, die Wände sind pastellfarben. Den Ort Mehrgenerationenhaus findet die Pädagogin gut, hier könne sich alles verzahnen, glaubt sie, Hilfe für Arbeitslosengeld-II-Empfänger, Beratung für Überschuldete, Freizeitangebote. Wer einmal den Fuß in das Haus gesetzt hat, findet weiteren Rat. Schon klopft es an ihrer Tür.

Die Mehrgenerationenhäuser sind eine politische Idee der ehemaligen Bundesfamilienministerin Ursula von der Leyen. 439 Häuser wurden unter der Ministerin eröffnet, in jedem Landkreis und in jeder Stadt ein Haus, das mit 40.000 Euro startete. Grundidee war, dass mit den neuen Familienstrukturen auch die Begegnungen der Generationen immer mehr verschwänden. Menschen jeden Alters sollten deswegen im Generationenhaus einen Ort der Begegnung finden, so schreibt es auch die Nachfolgerin Kristina Schröder. Der Idee nach bieten die Häuser vom Säugling bis zum Greis ein Freizeit- oder Hilfsangebot und unterstützen so das Angebot der Kommunen. In Buchholz hat man die Nase vorn, wenn es um flexible Betreuungsangebote für Kinder geht. Eine Notfallbetreuung steht bereit und auch ein »Kinder-Hotel«, erklärt Wagner, die sich eine Minute Verschnaufpause gegönnt hat, aber auch die »Handysprechstunde« für Senioren mit allen Fragen rund ums Handy sei sehr beliebt.

Wagner hat sich in den Raum gesetzt, in dem in wenigen Minuten das Sprachcafé beginnt. Eine grüne Samtcouch, ein flacher Couchtisch mit drei gelben Rosen in der Glasvase, eine Karaffe mit Wasser und Kaffeebechern auf dem Tisch. Über dem Sofa hängen gemalte Tierbilder, ein wenig naiv, im Bücherregal stehen Ratgeber und Romane. Gleich wird Ute Schui-Eberhard mit ihrem Integrationskurs den Raum belegen. Das Sprachcafé »Integration und Gespräch« richtet sich an Migrantinnen, erklären in der Küche auch Bilgic und Kapor, die das Angebot seit einiger Zeit selbst nutzen. Auch sie werden den Kurs »Integration und Gespräch« die kommenden beiden Stunden besuchen. Gerade die alltäglichen Dinge werden dort besprochen. Hilfe gibt es bei so konkreten Problemen wie dem Suchen einer Wohnung oder beim Aufsetzen eines Briefes. Nützlich sei das, sagen sie. Kursleiterin Schui-Eberhard hat stets mehrere Integrationslotsen an ihrer Seite, die sanft das Gespräch anleiten und sprachlich korrigieren.

Subeeta Kapoor flüchtete 1995 aus Afghanistan, vor Krieg und Taliban. Über Frankfurt, Bielefeld, Minden und Lemgo landete sie in Buchholz in der Nordheide und verdiente ihr Geld wie auch ihr Mann bei McDonald's an der Kasse, dort, wo anfangs die Sprache nicht so wichtig war. Doch sie ließ nicht locker und klemmte sich hinter die Sprache, unter anderem durch den Sprachkurs im Kaleidoskop. Dass ihre Kinder im Teenageralter perfekt Deutsch können, versteht sich für sie von selbst, sie besuchen die »Heideschule« in Buchholz, sagt Kapoor. Dann verschwindet sie mit ihrer Freundin Bilgic, die ein wenig schüchterner ist, im Sprachcafé, beide sprechen schon ziemlich perfekt, wollen aber weiter feilen und die Freunde aus dem Kurs treffen.

Bärbel Wagner huscht wieder über den Flur, lächelt und ist in Gedanken bei ihrem nächsten Kurs. Heute kommt noch eine Trauergruppe für Jugendliche ins Haus und später ein Gesprächskreis des Naturschutzbundes. Ihre Großfamilie im Buchholzer Kaleidoskop brummt vor sich hin, wie jeden Tag in der Woche, ist mal lustig, mal traurig, aber immer anteilnehmend und interessiert an den Menschen. Die Tür in dem Backsteinziegelhaus an der Steinstraße öffnet sich, eine Angestellte aus Buchholz kommt zum Mittagstisch herein, ein bisschen früh, sie freut sich auf das scharfe Curry heute. Schnell nimmt Wagner unten vor dem Mittagessen noch eines der Babys auf den Arm. Von der Leyen hatte die Mehrgenerationenhäuser mit Bienenstöcken verglichen, weil sie voll mit Kommunikation seien. Der Honig in diesem Bild sei die gegenseitige Hilfe, meinte die Ministerin. Das Baby auf Bärbel Wagners Arm ist mindestens so süß wie Honig. Und Wagner ist die geborene Imkerin im Bienenstock. Herzlich, nahezu unsichtbar in ihren kleinen Hilfestellungen und ständig im Haus auf Achse, um allen dieses süße Familiengefühl zu geben, unaufdringlich, ohne zu kleben.

GHETTO DER SELIGEN

Die evangelisch-lutherische Kirchengemeinde Ashausen hat eine umtriebige Pastorin.
Anja Kleinschmidt, 46, wohnt mit ihrer Familie direkt im Pfarrhaus.
Spontanbesuche am Wochenende oder zur Mittagszeit gehören da zum Jobprofil.
Das macht die Arbeit aber auch so lebendig und herausfordernd, erzählt sie im Interview.

Frau Kleinschmidt, was für ein Geist weht denn in Ashausen?

Hoffentlich der Geist, der weht, wo er will. So wird im Johannesevangelium der Heilige Geist beschrieben. Wir versuchen unsere Türen offen zu halten für diesen lebendigen und auch unverfügbaren Geist. Ich finde es sehr spannend, seine Spuren gerade da zu entdecken, wo man ihn nicht vermutet. Diese Neugier und Offenheit passt gut zu der Gemeinde, in der ich seit etwas mehr als vier Jahren arbeite. Wir bemühen uns um eine sehr einladende Arbeit. Ich selber bin natürlich auch geprägt von meiner früheren Tätigkeit an den Berufsbildenden Schulen. Dort habe ich mit Menschen gearbeitet, die normalerweise in der Kirche nicht so vorkommen. In den kirchlichen Jugendgruppen sind häufig nur Jugendliche, die das Gymnasium besuchen.

Was tun Sie dagegen?
Mich interessiert der Blick von außen auf das, was wir tun. Ich frage mich, wie wirkt das, was uns vertraut ist, unsere Kirche, auf die, die es nicht kennen. So versuchen wir Hemmschwellen zu senken. Im Moment erarbeiten wir zum Beispiel ein kleines Heft zur Gottesdienstordnung, das nicht nur den Ablauf beschreibt, sondern auch in verständlichen kurzen Worten erklärt, was die einzelnen Gottesdienstelemente bedeuten. Manchen bleibt trotzdem die Kirchenschwelle zu hoch. Denen kommen wir mit drei Freiluftgottesdiensten im Jahr entgegen. All das tun wir, um Menschen einzuladen, den Alltag zu unterbrechen und sich Zeit für eine Atempause zu nehmen. So eine Pause kann sehr inspirierend sein. Als zwei Konfirmandinnen den neuen Konfi-Anwärtern etwas über den Unterricht erzählen sollten, sagten sie zum Beispiel: »Wir reden im Konfa über Dinge, über die wir uns noch nie Gedanken gemacht haben.«

Was sind das für Dinge, über die sich die Jugendlichen noch nie Gedanken gemacht haben?
Es sind Fragen: »Woher kommt die Welt?«, »Was ist nach dem Tod?« Eigentlich geht es um Anfang, Ende und Sinn des Lebens. Damit ist natürlich auch die Frage nach Gott verbunden und wie ich ihn mir vorstellen kann. Mir geht es bei den Jugendlichen darum, dass sie beim Ablegen des Kinderglaubens nicht gleich das Kind mit dem Bade ausschütten. Eine Schülerin sagte mal zu mir: »Meine Mutter hat gesagt, dass Gott im Himmel wohnt, aber als ich dann mal geflogen bin, war da kein Gott. Da wusste ich, dass es keinen Gott gibt.« Ich möchte Jugendliche dabei unterstützen, solche Schlüsse zu vermeiden. Im Unterricht lernen sie verschiedene biblische Gottesbilder kennen. Jugendliche brauchen Bilder, die ihnen etwas sagen. Häufig geht es dabei um Urvertrauen, aber auch um Gerechtigkeit.

Wofür brauchen die Menschen heute die Kirche noch?
Ich glaube, die Menschen wünschen sich Begleitung. Die Kirche ist Begleiter an den Wendepunkten des Lebens – das sind ganz klassisch Taufe, Konfirmation, Hochzeit und Beerdigung. Außerdem freuen sich die Menschen, wenn du mit ihnen lebst, wenn du eine freundliche Begleiterin bist. Wenn ich mit dem Fahrrad im Dorf unterwegs bin, kommt es immer wieder zu schönen Begegnungen. Ich sehe unsere Aufgabe als Christinnen und Christen darin, die Sehnsucht nach Gottes Welt wach zu halten.

Ashausen wirkt wie ein sehr idyllisches Fleckchen Erde. Treffen Sie hier auf Leid?
Eine Jugendliche hat mal gesagt: »Ashausen ist ein Ghetto«, sie meinte positiv eine Art

Ghetto der Seligen. Doch auch wenn man es auf den ersten Blick nicht so sieht, auch bei uns gibt es Überforderung und Einsamkeit. Und vielleicht ist es für Menschen hier noch schwerer, Hilfe zu suchen als anderswo, weil alles so heil erscheint. Als Gemeinde haben wir vor einiger Zeit überlegt, wie wir uns stärker diakonisch ausrichten können. Wir haben uns gefragt: Wo gibt es hier Bedürftige, wo müssen wir als Kirche noch genauer hingucken? Als erstes dachte ich an Kinder, einen Wunschbaum vielleicht. Aber wir entdeckten gar nicht recht Bedürftige. Dann kamen wir dahin, uns um die Alten zu kümmern. Wir besuchen nach wie vor alle zum Geburtstag ab 75. Die Generation 85+ besuchen wir nun zusätzlich zu Weihnachten und Ostern, denn die kommen schwer raus. Aus diesen Besuchen ergeben sich im Laufe der Zeit immer engere Kontakte.

Was predigen Sie Ihrer Gemeinde?
Es gibt natürlich einen Predigtplan, der für jeden Sonntag einen Bibeltext vorschlägt. Und in der Regel halte ich mich daran, nicht aus Bequemlichkeit, sondern weil ich sonst vielmehr das Risiko eingehe, dass ich immer nur das predige, was mir selbst gefällt. Es muss persönlich sein, aber es darf eben nicht nur mein Privatgeschmack sein. Wenn ich aber einen besonderen Gottesdienst mit einem Team vorbereite, dann suchen wir gemeinsam Text und Thema aus. Gerade planen wir den Gospelgottesdienst für dieses Jahr, den ich zusammen mit Mitgliedern des Chores vorbereite. Diesmal geht es um Gnade.

Findet die Gemeinde noch Geschmack an den Bibeltexten?
Ich versuche Appetit zu machen. Manch biblische Texte enthalten viel tiefe Einsichten und Wahrheiten. Aber sie geben diese nicht immer auf den ersten Blick preis. Manchmal arbeite ich mit progressiven Predigtformen: Ich habe eine Ausbildung für den »Bibliolog« gemacht. Im Gottesdienst stelle ich dann Fragen an die Gemeinde. Es heißt »das schwarze Feuer«, also die Buchstaben der Bibel, sollen »zum Leuchten« gebracht werden, indem man das »weiße Feuer«, also alles, was nicht da steht, die Zwischenräume, zum Leuchten bringt. So legen wir den Text gemeinsam aus. Zum Beispiel die Geschichte vom verlorenen Sohn. Eine Möglichkeit ist es, nach der Mutter zu fragen. Sie wird in der Bibel nicht erwähnt. Wenn wir uns in sie hineinversetzen, ihre Sorgen und Einstellungen erspüren, können wir einen neuen Blick auf die vertraute Geschichte bekommen. Als Predigerin bin ich Übersetzerin. Ich versuche biblische Sprache verständlich werden zu lassen und frage, was die Bibel zu heutigen Konflikten sagt.

Können Sie ein Beispiel sagen?
Nun, zum Beispiel, das Verhältnis von Arbeit und Ruhe, die Sonntagsfrage. Wenn in der Bibel erzählt wird, dass Jesus am Sabbat, also dem Ruhetag, einen Kranken heilt, dann stellt

er die Gesundheit dieses Mannes über das Ruhegebot und damit das Gesetz. Heute hat sich das Gesetz umgekehrt: Wir arbeiten immer. Für die Gesundheit der Menschen wäre wieder ein Gesetzesbruch nötig – gegen ständige Erreichbarkeit. Für mich heißt das, dass wir immer wieder abwägen müssen, was am Sonntag getan werden soll.

Stößt Ihre Arbeit auf Interesse?

In Ashausen bildet sich natürlich Landkreistypisches ab. Einerseits haben wir einen traditionellen Dorfkern und andererseits gibt es viele, die neu ins Dorf kommen. Das Dorf verändert sich ständig. Es wächst, doch das gilt nicht für unsere Gemeinde. Auch hier versuchen wir es mit Besuchen, wenn Menschen neu hierher gezogen sind. Aber es ist wohl eine Illusion und Überforderung, dass wir den Trend einer kleiner werdenden Kirche umkehren könnten. Auch deshalb suchen wir nach neuen Wegen der Bindung.

Welche Wege sind das?

Nun, wir sind eine eher kleine Gemeinde, die aber trotzdem eine Stiftung gegründet hat, die Sankt-Andreas-Stiftung. Uns geht es darum, eine volle Pfarrstelle für Ashausen zu sichern. Ein Viertel der Stelle zahlt derzeit die Gemeinde selbst, so wird einfach mehr möglich, zum Beispiel die Besuche und auch einige Projekte. Nach Stellenplan hätte ich hier nur eine Dreiviertelstelle. Weil aber die Gemeinde ein Viertel selbst zahlen kann, wird eine Nähe zu den Menschen möglich, die wir sonst nicht leisten könnten.

Ist diese Nähe das Schönste an Ihrem Beruf?

Es ist ein Geschenk, dass Menschen mir Anteil an ihrem Leben geben, oft in existenziellen Situationen. Wenn ein Gemeindemitglied zu mir sagt: Das Gespräch mit Ihnen hat mir geholfen, dann ist das für mich ein großes Geschenk. Überhaupt die Arbeit mit den vielen verschiedenen Menschen. Es macht mir Spaß, mir mit anderen etwas auszudenken und umzusetzen. Außerdem finde ich es wunderbar, dass ich während meiner Arbeitszeit über spannende Lebensfragen nachdenken kann.

Was fordert Sie heraus?

Die schönsten Dinge sind natürlich auch die größten Herausforderungen. Nicht immer gelingt Kontakt. Nicht immer gelingt es, Menschen zum Mitmachen zu motivieren. Nicht immer werden wir als Gesprächspartner überhaupt in Betracht gezogen.

Als Kirche müssen wir mitkriegen: Was sind die Fragen der Menschen? Wir müssen aufmerksam sein und das Gefühl vermitteln: Hier darf alles gesagt werden und hier sind Menschen, die mit mir nach einem erfüllten Leben suchen. Deswegen beurteile ich auch nicht, vielleicht berichten mir die Menschen aus diesem Grund ganz gern aus ihrem Leben.

HEY, WAS KÖNNT IHR?

Der Verein LeA e.V. kämpft dafür, dass Menschen mit Behinderung die Arbeit bekommen, die zu ihnen passt, zum Beispiel im LeA-Kiosk, einer Integrationsfirma.

Erst hat »Slim« gelächelt«, seinen rechten Arm ausgestreckt und »ja« gesagt. »Ja, Du hast den Job.« Sebastian Michels, 27 Jahre, mit einer halbseitigen Lähmung, konnte es bei seinem Bewerbungsgespräch in Neu Wulmstorf erst kaum fassen. Er war schüchtern gewesen, aufgeregt im Gespräch, aber sein neuer Chef Slim Lourimi fand das offenbar gar nicht schlimm und gab ihm den Job. Nach vier Jahren Arbeitslosigkeit, die sein Selbstbewusstsein angefressen hatten, war Sebastian Michels wieder auf dem ersten Arbeitsmarkt im LeA-Kiosk angekommen.

Da sei nicht mehr viel gewesen, erzählt Sebastian Michels während seiner Arbeit im Kiosk. Er habe sich gehen lassen, schlecht gegessen während der Arbeitslosigkeit. Nun musste er plötzlich jeden Morgen sehr früh aufstehen, um mit dem Metronom von Lüneburg, wo er wohnte, in den LeA-Kiosk direkt am Bahnhof von Neu Wulmstorf zu fahren. Und um von »Slim«, Slim Lourimi, seinem neuen Chef, zu lernen. Er fand es großartig und aufregend.

Sebastian Michels hat blaue Augen, die verschmitzt und freundlich hinter einem kleinen Brillengestell lächeln, hellbraune Haare, ein bisschen strubbelig, eine kräftige Statur. Kein Mensch, der flüchtig in Neu Wulmstorf ein Brötchen für die Bahnfahrt kauft, würde meinen, dass Slim Lourimi und Sebastian Michels in einem besonderen Betrieb, einer Integrationsfirma mit behinderten und nichtbehinderten Mitarbeitern arbeiten würden. Zu reibungslos klappt hier alles. Vielleicht würde einem aufmerksamen Besucher das besondere Klima auffallen oder die eine Körperhälfte, die bei Sebastian Michels steif wirkt, wegen seiner halbseitigen Lähmung. Außerdem neigt er zu epileptischen Anfällen, weswegen er schwer Arbeit fand. Vielen Besuchern fällt aber die Herzlichkeit auf, mit der Michels den Donut und das Hamburger Abendblatt über den Tresen reicht. Doch die meisten Kunden haben es eilig, wie an jedem Bahnhof.

Slim Lourimi, der Kioskleiter, rundliches Gesicht, gebräunte Haut, ein Mittvierziger, sitzt an einem der Bistrotische im Kiosk an der Fensterfront, die mit bunten Pergamentsternen dekoriert ist, und beobachtet seine »Jungs«. Groß Anweisungen verteilen muss er nicht, hinter dem Tresen und im Hintergrund läuft es reibungslos seit den Morgenstunden. Er kann ein Strahlen nicht verbergen. Für ihn ist mit dem Kiosk ein Traum in Erfüllung gegangen. 20 Jahre hatte er in der gehobenen Gastronomie gearbeitet, Elysee, Holiday Inn, er war Gastronomieleiter mit Führungsverantwortung. Durch seine Frau, ebenfalls fachfremd, lernte er die Arbeit mit Behinderten kennen, und es machte klick. Diese Arbeit wollte er tausendmal lieber als die Arbeit in der Luxusgastronomie machen. Lourimi hielt Kontakt zum Verein LeA, einer Elterninitiative, die sich 1999 in Neu Wulmstorf gegründet hatte.

LeA, das stand für Leben und Arbeiten, beides wollten die Eltern ihren behinderten Kindern möglichst autonom ermöglichen. Als der Plan für eine Integrationsfirma im Verein reifte, einen Kiosk wollte man eröffnen, in dem Menschen mit und ohne Behinderung zusammen arbeiteten, wurde tatsächlich er, Slim Lourimi, als Kioskleiter angefragt. Mit Mitte vierzig sattelte er noch mal beruflich um, als Leiter des LeA-Kiosks.

Es gab für ihn im Kiosk Gänsehautmomente, erzählt er. Slim Lourimi steht auf und holt ein laminiertes Papier hinter dem Tresen hervor. Er kommt raschelnd zurück und liest die Zeilen vor. Als sich seine Mannschaft im Kiosk um seine Überarbeitung gesorgt hatte, hatten sie ihm geschrieben und ihn für einige Tage »beurlaubt«. Sollte er sich nicht daran halten, müsste er 20 Euro in die Teamkasse zahlen, stand da. Alle hatten unterschrieben. Lourimi war gerührt.

Die Gleichbehandlung fängt im Kiosk beim Gehalt an und geht bis zu vielen alltäglichen Details in der Zusammenarbeit. Für Sebastian Michels stand immer fest, als er auf Jobsuche war: »Ich will was mit Menschen machen.« Nur fand er keine Arbeit und irgendwann landete er in einer Spirale der Niedergeschlagenheit. Heute trägt er ein blaues Poloshirt mit dem bunten Schriftzug LeA auf der Brust und umsorgt die Kunden im Kiosk, soweit das eben geht. »Habe ich hier ein Handy vergessen?« »Kann ich Geld wechseln?« Die Anliegen sind divers. Am wichtigsten sei für ihn, dass er normal behandelt werde, wenn er ein Käse-, Salami- oder Putensandwich verkauft oder den ganzen Tag hinter dem Tresen mit den Rittersport-Schokoladen steht. Nicht besser und nicht schlechter als die Menschen ohne Behinderung. In der Schule habe er Schreckliches erlebt, sagt er, sei angespuckt und getreten worden, nicht akzeptiert wegen seiner Lähmung. Die Zeit nach der Schule war ebenfalls hart. Es dauerte ein halbes Jahr im Kiosk in Neu Wulmstorf, und es blitzte wieder Selbstbewusstsein auf. Heute hat er die Arbeit in dem 35 Quadratmeter großen Kiosk und sein Hobby, die Fotografie.

»Die spannende Frage ist doch, was Arbeit eigentlich ist«, so nennt es LeA-Geschäftsführer Johann Heinrich Albers mit Schiebermütze auf dem Kopf, genannt Heiner Albers, der inzwischen durch die Tür des Kiosks gekommen ist. Seit Jahren kämpft er gegen die Stigmatisierung von Menschen mit Behinderungen. Hätte er einen Traum frei, würde er sich einen Perspektivwechsel in der Gesellschaft wünschen. »Dass gefragt wird, was könnt ihr denn? Denn jeder Mensch hat doch Begabungen.«

Bei LeA wird jeder Mensch mit seinen Begabungen betrachtet und nach Perspektiven für ihn gesucht. Ziel ist die »Inklusion« in die Gesellschaft, sagt Albers, nicht die Integration. Ein feiner Unterschied, denn der Inklusionsbegriff zielt darauf, dass Menschen mit Behinderungen ein selbstverständlicher Teil der Gesellschaft sind und nicht erst von außen integriert werden müssen. Jeder auch Schwerst- und Mehrfachbehinderte hat ein Recht auf Selbstverwirklichung und Weiterentwicklung. LeA setzt besonders bei den Parametern »Wohnen« und »Arbeiten« an, beides wichtige Faktoren für die Autonomie. Nicht alle Behinderten arbeiten auf dem ersten Arbeitsmarkt wie Sebastian Michels in der neuen Integrationsfirma. Es gebe auch »geschützte Arbeitsplätze.« Doch das Ziel sei, sagt Albers leidenschaftlich, dass die Behinderten ganz selbstverständlich in der Gesellschaft auftauchten.

Dafür ist Albers, groß, schlank, sehr hanseatisch, unermüdlich im Landkreis unterwegs, spricht mit Firmen, wirbt für die Vorteile, die ein Mensch mit Behinderungen einem Betrieb bringen kann. »Die Art, wie jemand mit seiner Fröhlichkeit und Aufgewecktheit zum Arbeitsleben beiträgt, ist auch etwas, auch wenn er vielleicht keine Tasse von A nach B tragen kann.«

So sieht das auch Geschäftsführer Slim Lourimi: »Jeder, der ein- und ausatmet, hat ein Recht auf eine Arbeit«, ruft er laut und spontan wie mit einem Ausrufungszeichen versehen und verschwindet hinter dem Glastresen, um eines seiner berühmten Putensandwiches neu zu belegen. Den Beschäftigten im LeA-Kiosk ist ihre Arbeit und das Zusammensein viel wert. Das Miteinander sei hier anders, finden sie, jeder wisse um die Handicaps des anderen und man helfe sich, gehe behutsam mit den Schwächen der anderen um. Der eine ist körperlich nicht so wendig, der andere müsse ein wenig länger über Aufgaben nachdenken und könne nicht unter Druck arbeiten, der Dritte tue sich vielleicht mit dem Reden vor den Kunden schwer, doch gemeinsam können sie alles ausbügeln. Einige Kilometer vom Kiosk entfernt befinden sich die Laurens-Spethmann-Häuser des Vereins, benannt nach dem Unternehmer Laurens Spethmann, der mit einer großzügigen Spende half. Integrative Wohnformen und Arbeitsplätze entstanden hier für Menschen mit stärkeren Behinderungen, die hier leben und so eine altersgerechte Abnabelung von der Familie schaffen können. Sebastian Michels aus dem Kiosk ist allerdings froh, dass er seine eigene Wohnung in Lüneburg hat und jeden Morgen in seinen Kiosk fahren darf. Dort wird er weiter ein Auge darauf haben, dass Slim Lourimi, dem er sein Glück verdankt, genug Tage im Jahr Urlaub macht, notfalls wieder mit Druck und schriftlich auf Papier.

DIE NEUE LANDLUST SPÜREN

*Wir sind mehr als nur Kaffeekränzchenvereine, sagen die Landfrauen:
Ein Besuch bei drei selbstbewussten Landfrauen aus Tostedt, die mit dem
Vorurteil von Matsch, Gummistiefeln und Schweinestall aufräumen.*

Das schönste Kompliment bekam Bettina Brenning von der Freundin ihres sechsjährigen Sohnes: Wenn ich groß bin, will ich auch Landfrau werden, hatte diese ihrer Mutter erzählt. Bettina Brenning ist sich nicht sicher, was die Sechsjährige überzeugt haben mag, ihr schön dekoriertes Haus oder die lecker gekochten Gerichte. Doch das Kompliment nimmt sie gerne an, zu oft lachten ihre Freunde aus der Großstadt Berlin, wenn sie nur das Wort »Landfrau« hörten.

Bettina Brenning sitzt mit Petra Frank und Ulrike Wlecke, den Vorstandsdamen der Landfrauen Tostedt, an einem Tisch im Gasthof Bostelmann im Ortskern von Tostedt, vor ihnen stehen Kännchen mit Kaffee. Vor den Fenstern peitscht der Dezemberregen, vor dem Gasthof leuchtet noch ein Weihnachtsbaum. Es ist nicht einfach, sich mit den Vorstandsdamen der Landfrauen Tostedt zu verabreden, denn diese sind geschäftig. Flyer haben sie auf der weißen Spitzendecke des Gasthauses ausgebreitet. Sie kommen aus einer Jutetasche mit Bienenlogo, dem Symbol der Landfrauen.

Dass Landleben auch für Städter modern wird, spürt Bettina Brenning, modisch gekleidet, Groß- und Außenhandelskauffrau, 48 Jahre alt. Sie zog mit ihrer Familie 1995 nach Welle zurück, da hatte sie schon zehn aufregende Jahre in Hamburg gelebt, doch in Welle war sie eben aufgewachsen. Zurückgekehrt auf das Land entdeckte sie die Landfrauen für sich, durch eine Fortbildung zur Gästeführerin, die sie bei den Landfrauen machte. Die Auflagenzahlen von Magazinen wie »Landlust«, »Landleben« und »Landidee« steigen durch die Decke und immer mehr gutverdienende Hamburger zieht es hinaus in den Speckgürtel. »Das machen wir uns zunutze«, sagt sie. Petra Frank, Versicherungskauffrau, flotter Kurzhaarschnitt, Businesskleidung, 47 Jahre und Mutter von zwei erwachsenen Kindern, ist mittlerweile Vorsitzende des Vereins, sie sagt: »Klar kennen wir das Vorurteil von Matsch, Gummistiefeln und Schweinestall, doch das stimmt nicht.« Von den Tostedter Landfrauen würden gerade noch zwei Prozent in der Landwirtschaft arbeiten.

Der Kreisverband der Landfrauen, zu dem die Tostedter Landfrauen zählen, ist mit über 5.700 Mitgliedern in 15 Ortsvereinen der größte Zusammenschluss im Niedersächsischen Landfrauenverband Hannover. Dort sind es bis zu 13 Prozent der Frauen, die in der Landwirtschaft arbeiten. Die restlichen Frauen verdienen ihr Geld als Ärztin, Juristin, Lehrerin, Angestellte oder Journalistin. Quer durch die sozialen Schichten und Berufe geht es. Wohl ein Grund dafür, warum Bettina Brenning gar nicht aufhören kann, davon zu erzählen, wie gut sie sich hier schon unterhalten habe, bei den Landfrauen.

Bettina Brenning und ihre Vorstandskolleginnen sehen nicht nach Kaffeekränzchen aus: Eher wie adrette Geschäftsfrauen mit schicken Frisuren. Und damit ist nicht weit gefehlt. Denn auf Kreisverbandsebene werden sie regelmäßig geschult, 13 Module machen »fit fürs Ehrenamt«. Das beginnt bei Rhetorikseminaren, Zeitmanagementkursen, PC-Schulungen, Presse- und Öffentlichkeitstraining oder Seminaren zum Thema »Ein Grußwort«. Ulrike

Wlecke, 62, mit modischem Schal um den Hals, gilt in Tostedt als die EDV-Spezialistin, die »Publisherin«, sagen sie hier. Sie ist die Schriftführerin und hat die Homepage der Tostedter Landfrauen ins Netz gestellt. In ihrem Homeoffice in Wistedt feilt sie an Berichten und am Layout für das Infoblatt der Landfrauen. Ihr Schal ist selbstgemacht in einer der vielen Kreativ-AGs. Brenning sagt: »Wir informieren uns, was gerade aktuell ist, Pulswärmer und solche Geschichten, die verkaufen wir dann auf dem Tostedter Flohmarkt.«

Ob die Tostedter Landfrauen noch zu Facebook wollen, darüber sind sie sich nicht einig, doch es gebe das erfolgreiche Vorbild anderer Landfrauen, die dort aktiv sind und junge Frauen erreichen. Petra Frank erzählt von den Abendveranstaltungen der Landfrauen: 130 Vorträge mit 9.620 Teilnehmerinnen waren es 2010 auf Kreisebene, schon dazu passt das Logo der fleißigen Biene. Jeweils eine der Vorstandsfrauen organisiert den Abend. Da bleibt es nicht aus, dass man einiges lernt.

Das beginnt mit dem Organisieren des Mikrofons, der Betreuung des Referenten und der Moderation. Heute lauschen die Landfrauen schon mal Vorträgen von renommierten Kriminologen, Vorträgen über Gentechnologie oder positives Denken. Vor jedem Abend wird gemeinsam diniert. Ihre Zuwendung verteilen die Landfrauen dabei möglichst gerecht auf die umliegenden Gasthöfe. »Die Landfrauen sind etwas fürs Selbstbewusstsein«, sagt eine plötzlich. Zwar kämen auch heute noch wohlmeinende Anfragen für den Weihnachtsmarkt: »Da könnt ihr doch dann was backen.« Brenning lacht selbstbewusst: »Aus dieser Ecke wollen wir gerade weg. Auch wenn wir natürlich immer noch super kochen können. Doch heute auch Chutneys und Relishes.« Und die Kartoffelsuppe im Oktober für den Tostedter Flohmarkt sei nach wie vor legendär, 200 bis 300 Liter gingen da weg.

Einmal im Monat tagen die zwölf Vorstände bei Bostelmann mit pastellfarbenen Wänden und den impressionistischen Drucken an der Wand. Im Hinterzimmer. Mittlerweile ist es ihnen unmöglich, alle 562 Mitglieder ihres Ortsverbandes zu kennen. Doch da hilft eine raffinierte Struktur, die sich seit Bestehen der Landfrauen bewährt hat.

Davon kann Martha Fricke, 93 Jahre, erzählen. Sie ist eine von 31 sogenannten Ortsvertrauensfrauen in Tostedt, die kleinere Gruppen von bis zu 25 Frauen mit allen wichtigen Informationen versorgen und betreuen. Auf Kreisebene sind es 341 solcher Ortsfrauen, quasi der verlängerte Arm des Vorstandes. Von Anna Aldag, der ersten Ortsvertrauensfrau, wurde Fricke zum Eintritt bei den Landfrauen Tostedt überredet. Martha Fricke erinnert sich, wie es früher zu Kaffee und Kuchen mit dem Fahrrad ging, und sie erinnert sich auch an einen Besuch bei der Firma Henkel: Die Landfrauen erfuhren in den siebziger Jahren, dass helle und dunkle Wäsche zu trennen sei und am besten mit Persil gewaschen würde. Auch heute fährt Martha Fricke Informationen per Fahrrad aus und sorgt für Kontakt und Motivation unter den Mitgliedern. Ansonsten hat sich vieles geändert. Die Landfrauen sind in der Moderne zu Hause, finden aber, dass ihr Bild noch hinterherhinke. »In der Politik sind wir schon da angekommen, wo wir in der Fläche hinwollen«, sagt Brenning und meint damit, dass die Samtgemeinde die Landfrauen aktiv anspricht, wenn es um Themen wie gesunde Ernährung an Schulen, das Flatratesaufen von Jugendlichen oder eine schnelle Umfrage zur Milchquote geht. Die Landfrauen können helfen, denn sie sind bestens vernetzt und engagiert.

Für 2012 haben sie ein weiteres Thema auf die Agenda gesetzt, das sie schon lange umkreisen. Das Thema Integration. »Wir wollen das Kochen mit Migrantinnen angehen«, sagt Bettina Brenning. Und ergänzt keck: »Wir sind da ganz egoistisch, wir wollen die tollen Rezepte der Russinnen oder Vietnamesinnen kennenlernen, ihre Kräuter.« Doch die ausländischen Frauen zieren sich wie Rehe auf der Lichtung. Derzeit ist es nicht leicht, die Hemmschwelle zu senken. Alle Hoffnungen ruhen nun auf dem Weltfrauentag, die Landfrauen stehen dazu mit der Frauenbeauftragten der Samtgemeinde in Kontakt.

Viele verschiedene Frauentypen entscheiden sich für die Landfrauen: Von der Großstädterin aus Hamburg, die Anschluss sucht, bis hin zur Landwirtin. »Die werden nicht unbedingt beste Freundinnen«, sagt Brenning, doch sie schätzt das Miteinander der Generationen. »Ich habe mich hier mit Älteren schon viel besser unterhalten als unter Gleichaltrigen.« Die Geburtsdaten der Landfrauen reichen derzeit von 1919 bis in die 1980er Jahrgänge. Auch eine gebürtige Argentinierin haben die Landfrauen dabei, die temperamentvolle Irene Carmellini wurde von einer Nachbarin angesprochen und landete so bei den Landfrauen Tostedt. Und Freundschaften? Die Landfrauen müssen lachen, denn auf ihren gemeinsamen Reisen, die von Uetersen bis Cornwall reichen, kommt man sich unweigerlich nahe. »Zum Teilen des Doppelzimmers reicht es.«

Bettina Brenning entdeckte mit 32 Jahren die Tostedter Landfrauen, durch ihre Fortbildung. Viel zu wenigen ist bekannt, findet sie, dass die Landfrauen in Kooperation mit der Ländlichen Erwachsenenbildung einer der größten Bildungsträger für Frauen auf dem Land sei. Von der Weiterbildung zur IT-Fachfrau über die Altenpflegerin bis hin zur Tagesmutter reicht das Spektrum. In gut 20 Jahren absolvierten 532 Frauen im Landkreis eine Weiterbildung zur Altenpflegerin und jährlich lassen sich Frauen im Kreis zur Tagesmutter weiterbilden. Hinzu kommen die Seminare.

Natürlich ist auch ein Treckerseminar für Frauen in der Landwirtschaft dabei, besagt eine Studie des Landfrauenverbandes Hannover doch, dass Frauen durch Direktvermarktung, Hofcafés oder Angebote wie Urlaub auf dem Bauernhof mit über einem Drittel zu den Einnahmen landwirtschaftlicher Betriebe beitragen. Da schadet es nicht, wenn sie auch den Trecker fahren können. Bettina Brenning wählte die Fortbildung als Gästeführerin und blieb bei den Landfrauen. Petra Frank zog ein Vortrag des Kriminologen Christian Pfeiffer an. Heute organisiert sie selbst die Vorträge.

Doch da sind auch Sorgen: »Wir wollen jünger werden«, sagen die Tostedterinnen.

Derzeit liegt der Altersschnitt bei 69 Jahren. Ab 40 geht es los, mal sei ein Küken dabei, wie eine 17-Jährige aus Otter, mittlerweile ist die aber auch schon Mitte 20. Die Landfrauen halten die Augen offen und sind pfiffig. Gerade testen sie eine Prämienvergabe für Neumitgliederwerbung. Und jetzt müssen sie sich entschuldigen, sie sind »beschäftigt«. Die Drei scherzen noch kurz mit dem Wirt, für den die Landfrauen gute Kundinnen sind, erzählen rasch einen Witz über den eigenen Ehemann, der, so hat man das Gefühl, alleine kaum klarkommt. Bettina Brenning findet plötzlich ein schönes Schlusswort, ehe sie in einen Anorak mit Pelzkragen schlüpft: »Wenn wir es nicht machen würden, wäre es auf dem Land ein Stück ärmer.« Dann verschwinden alle drei in der Dezemberdunkelheit.

Schützenfest, Salzhausen

Schützenfest, Salzhausen

Rathausstraße, Winsen

Feuerwehrtag, Tostedt

Reso Fabrik, Winsen

Faslam, Hoopte

Beachparty, Elstorf

Osterfeuer, Holtorfsloh

Weihnachtsgottesdienst, Pattensen

DER LANDKREIS IN ZAHLEN II

Soziales

Gesamtausgaben des Landkreises im Sozialbereich 2012, in Millionen Euro: **147,6**

Anteil der Sozialausgaben am Haushalt des Landkreises, in Prozent: **57**

Bewohner des Landkreises Harburg: **248.333**

Menschen mit Migrationshintergrund im Landkreis Harburg, in Prozent: **12,6**

Nationalitäten im Landkreis Harburg: **138**

Kinder von drei und bis sechs, die 2011 Kindertageseinrichtungen besuchen: **7.049**

Kinder von drei bis sechs mit Migrationshintergrund,
die 2011 Kindertageseinrichtungen besuchen: **1.704**

Zahl der Integrationslotsen im Landkreis Harburg: **67**

RENNBAHN FÜR EINEN TAG

MEHR ALS NUR SPORT

AUCH FUSSGÄNGER DABEI

DER DISZIPLINIERTE

RENNBAHN FÜR EINEN TAG

*Das kleine Stove mausert sich an einem Tag im Jahr zur Pilgerstätte für
Pferdefreunde aus ganz Deutschland. Doch Jörn Reimers hat das ganze Jahr
mit dem Rennen zu tun: zum Beispiel mit Rasenmähen.*

Alles fing mit Patriot und Econom an, zwei prächtigen und temperamentvollen Zucht-
hengsten, die im Elbörtchen Stove auf Hof eins lebten. Die beiden Hannoveraner
galoppierten über die Wiesen der Winsener Elbmarsch, grasten und genossen einen so
ausgezeichneten Ruf als Deckhengste, dass die Stuten von weither zu ihnen reisten. Sie kamen sogar mit der Fähre über die Elbe nach Stove geschippert, eines der Boote maß zwölf,
das andere siebeneinhalb Meter. Ihre Besitzer fachsimpelten mit den Hengstzüchtern
in der Schankwirtschaft neben der Deckstation und irgendwann in der Nacht, nach vielen
Runden Schnaps, meinte einer: »Warum gründen wir keinen Rennverein?« Das war 1874.

Jörn Reimers, mit Schiebermütze, Gärtneranzug, groben Arbeitsschuhen und weißem Vollbart, der sein halbes Gesicht füllt und ihm etwas Gemütliches verleiht, ist mit seinem Auto heute auf den Elbdeich in Stove gefahren. Er lacht verschmitzt, sein Gesicht ist gerötet vom Wind am Deich, um den Hals trägt er ein rotes Tuch, gegen die Kälte, die durch alle Poren kriecht. Er stellt die Autoheizung hoch, reibt sich die Hände. Reimers ist studierter Landwirt und direkter Nachfahre der damaligen Hengstzüchter, er ist in Stove mit seinen knapp 1.000 Einwohnern großgeworden und organisiert das Stover Rennen zusammen mit dem Stover Rennverein, ganz wie sein Ururgroßvater Peter Harms damals.

Reimers schnackt locker, norddeutsch, ist kein verbissener Typ. Er lässt den Blick aus dem Autofenster schweifen, es weht eine zünftige Brise über das Rennbahngelände, es liegt verlassen heute, nur ein paar Hundebesitzer führen ihre Tiere aus. »Man muss aufpassen, dass die nicht alles vollscheißen«, grummelt Reimers. Irgendwann sei seinen Vorfahren die Idee mit dem Rennen gekommen, eine kluge Marketingidee, um die Prachthengste Patriot und Econom zu bewerben. Das Rennen jährt sich dieses Jahr zum 137. Mal, und eigentlich haben Reimers und sein Team das ganze Jahr damit zu tun.

»Bald geht das Mähen wieder los«, entfährt es Reimers auf dem Deich spontan, er muss die Rennstrecke mit seinem Spezialmäher präparieren, ein Unterfangen, das bei gut 800 Metern Länge Zeit kostet. Und das Gras wächst ständig nach, leider. Eine Woche vor den Renntag werden dann die Totobuden zusammengeschraubt, das geht in Stove nur mit den ehrenamtlichen Helfern, denen Reimers mehrere Flaschen Moraviapils auf dem Deich spendieren muss. Kurz vor dem Rennen knattert er dann mit seiner »Enduro«, 55 Pferdestärken, Kennzeichen »WL-C 87«, über das hubbelige Rasengelände an der Elbe, um den Überblick über die Organisation zu behalten, Werkzeuge zu bringen und über die Verkabelung zu wachen, schließlich muss der Strom am Renntag funktionieren. Mit Pferden hat Reimers es eigentlich nicht so, er hat fast ein wenig Angst vor den Biestern, gibt er zu, das war schon als Junge so.

Es ist April, Nieselregen zieht auf, die Bäume hinter dem Deich ragen kahl und einsam in die Luft, doch der Himmel über dem Geläuf hat diese Weite, die schnell ziehenden Wolken und den salzigen Wind, der vom Wasser kommt. Die Rennpferde, erzählt Reimers, würden gerade fleißig über das Internet angemeldet, sie kämen aus ganz Norddeutschland und trieben ihm in seinem Stover Büro logistisch die Schweißperlen auf die Stirn, alle Starter müssten abgeheftet mit Reiter in seinem weißen Ordner stehen. Ursprünglich war Stove nur für die Galopper gedacht. Mittlerweile treten in 20 Rennen Ponys, Traber und Spezialitäten wie beispielsweise die »Isländerpferde« an. In Stove geht es zünftig zu, bewusst gibt es keinen VIP-Bereich: Gerne erzählt Reimers, wie Pferdefreund Herbert Darboven eines Renntages über den Deich gekommen und ihm beim Anblick des Geländes spontan der Spruch entfahren sein soll: »Ach, könnte das nicht überall so schön sein.«

»Bei uns gibt es halt keinen Kaffee in Tässchen mit Goldrand«, kommentiert Reimers den Spruch. Wenn die Rennbahn sich für einen Tag schick macht, und, so Reimers, »bummelige 10.000 Besucher und 200 Pferde kommen«, dann ist auch der Tag von Bahnsprecher Hans Ludolf Matthiessen gekommen. »Eine Koryphäe«, sagt Reimers, »einer, der in Bahrenfeld auf dem Richterturm pausenlos ins Mikro sprach, an der Bahrenfelder Rennbahn Traber-Geschäftsführer war – und dazu auch noch ein studierter Jurist.« Matthiesen begrüßt die Gäste, die gerne am Deich im Gras sitzen, stets mit einem zünftigen »Moin Moin Stove«. Hilfe bekommt er als Moderator von Jan von Witzleben, denn es gibt Stellen, die er vom Richterturm nicht einsehen kann. Zusätzlich zu ihrer professionellen Kommentierung gibt es natürlich auch noch einen Streitschlichter, den »Protestbeauftragten«, wie Reimers ihn nennt, denn welches Pferd die Nüstern vorne hat, entscheidet in Stove über Bargeld.

In Stove wird gut gewettet. Der Totoumsatz liege schon mal bei 120.000 Euro, schätzt Reimers. An größere Katastrophen kann er sich in der glücklichen Geschichte des Stover Rennens, das irgendwie die Geschichte seiner ganzen Familie geworden ist, eigentlich kaum erinnern. Obwohl: Als der Kollege alle Eintrittskarten im Kofferraum eingesperrt hatte und den Schlüssel für das Auto nicht fand, sei man als Organisator in Wallung gekommen. Irgendwas sei ja immer. Oder die Geschichte mit den abschließbaren Klohäuschen, für die am Renntag der Schlüssel fehlte.

Reimers steigt aus seinem Auto, das Armaturenbrett ist staubig. Es gibt eine Führung über die Rennbahn. Die Kurven sind eng, mancher Fahrer hat sich darüber schon mokiert. Doch das eigentliche Highlight ist der schmale helle Elbstrand neben dem Geläuf. Reimers überlegt kurz, doch ja, manches Pony habe wohl schon mal eine Abkühlung gesucht und sei während des Rennens ins Elbwasser gedüst. Das Publikum schätzt die Kulisse, mittlerweile spricht sich der urige Veranstaltungsort weit über die Pferdefreunde hinaus herum.

Reimers hat das Rennen jeden Tag im Jahr im Kopf, das liegt schon daran, dass das Haus, in dem er und seine Freundin direkt am Deich leben, neben dem Rennbahngelände liegt. Drei Minuten sind schon »bummelig« gelaufen. Nebenan führt seine ältere Schwester die Gaststätte »Zur Rennbahn«, in der gerade die Stintzeit eingeläutet wurde. Hier wurde beim Schnaps die Idee zum Galopprennen geboren. Mama Gesa Reimers wiederum, inzwischen 83 Jahre alt, aber sehr rüstig, wohnt in der alten mit Wein berankten Mühle ebenfalls mit Blick auf das Geläuf. Früher als junge Frau ist sie selbst in Stove als Reiterin gestartet. Sie ist ausgewiesene Pferdenärrin, anders als ihr Sohn.

22. Juli: Endlich ist Renntag. Jörn Reimers trägt seine dunkle Kampfweste und Kampfmütze zum weißen Hemd, richtig schick, er ist kaum wiederzuerkennen. Seit sechs Uhr ist er auf den Beinen. Die Sonne strahlt morgens vom Himmel, die Pferde und Ponys traben mit geflochtenen Mähnen und glänzendem Fell nervös auf dem Sattelplatz. Es riecht nach

Pommes, Würstchen und Kuchen auf dem Rennplatz. Ein Fährschiff steuert das Gelände von der Elbe an. Doch dieses Mal werden keine Stuten gebracht, sondern es ist Elbfährmann Kuddel, Karl-Heinz Büchel, der vom Hoopter Fähranleger zu seinem Freund Jörn nach Stove schippert und pausenlos Besucher vorbeibringt.

Reimers hat kaum Zeit für einen Plausch. Er ist heute unentwegt im Einsatz, er muss sich um einen Stromausfall an den Totobuden kümmern, es gibt ein Problem bei der Zufahrt zum Gelände, und dann dreht die rassige Heideprinzessin im 20. Rennen auch noch fünf Runden ohne Fahrer. Der Sulky hängt kaputt hinter ihr, das Rennen muss sofort abgebrochen werden, aber alle sind erleichtert, als die Traber-Prinzessin mit Startnummer zwei endlich dampfend und mit weiten Nüstern zu stoppen ist. Nichts ist passiert, dem Jockey geht es gut.

Der Unfall, der ihren Jockey aus dem Sulky schleuderte, ereignete sich bei einem riskanten Überholmanöver. Der Große Preis von Stove, dotiert mit 4.000 Euro, geht schließlich an den rotbraunen Wallach »Automatic Frisia«, der Besitzer des Pferdes strahlt. Doch das schönste Ergebnis des Renntages ist für Jörn Reimers: Der Gesamttotoumsatz in Stove liegt für heute bei 179.185,50 Euro, das ist prächtig. Ein Besucher konnte für einen Euro Wetteinsatz sogar 2.198 Euro mitnehmen. Das ist gut.

Reimers raucht am Ende des Renntages im Gras eine Selbstgedrehte, inhaliert tief, blickt nachdenklich vom Elbdeich über das Gelände zur Elbe rüber und weiß: Nach dem Rennen ist wieder vor dem Rennen. Abendstimmung legt sich über den kleinen Rennplatz, die 10.000 Besucher sind verschwunden, wie ein Spuk, und auch Reimers geht jetzt nach Haus, mit Blick auf die Rennbahn. Bald muss er wieder Rasen mähen, auf seiner Rennbahn.

MEHR ALS NUR SPORT

Der Todtglüsinger Sportverein setzt sich für die Integration von jugendlichen Straftätern ein, die durch Sport zurück auf den Weg finden sollen. Doch Integration durch Sport hat in dem Verein noch ganz andere Gesichter.

Ein blauer Mazda fährt vor das Amtsgericht Tostedt, die Flanken sind zerbeult, die Sitze aus Leder zerschlissen. Am Lenkrad sitzt Eike Holtzhauer, 75 Jahre alt, gelernter Landwirt. Seit über vierzig Jahren ist Eike Holtzhauer der zweite Vorsitzende des Todtglüsinger Sportvereins. Es ist Samstag, halb zehn. Die Autotür öffnet sich knarrend und zwei Jugendliche rutschen auf die Hintersitze, wortkarg. Gerade eben hat der Justizbeamte Heiner Schliemann sie aus einer kleinen Zelle geholt, in der sie noch vor sich hindämmerten.

Eike Holtzhauer kennt die Hinterbänkler in der Regel nicht, doch der grauhaarige Mann mit der kantigen Brille und der hanseatischen Schiebermütze fürchtet sich nicht. Während der Fahrt erklärt er ihnen, dass sie gleich auf dem Baggersee-Gelände einen betreuten Arbeitseinsatz leisten werden. Er bietet den Jungs das Du an: »Ich bin Eike, bei uns im Sportverein duzen wir uns.«

Die Jugendlichen auf der Hinterbank sind im Freizeitarrest. Das bedeutet 48 Stunden in der Zelle, ein Aufenthalt, der wie ein »Warnschuss« wirken soll. Die Zellentür schließt sich von Samstagmorgen bis Montag in der Früh. Doch die Jugendlichen können auch wählen. Integration durch Sport lautet das Motto. In Niedersachsen können straffällig gewordene Jugendliche den Jugendarrest anders verbringen. Zum Beispiel einen Teil ihrer Strafe auf den Anlagen des Todtglüsinger Sportvereins ableisten. Sie können das, seitdem Eike Holtzhauer die Idee kam und er am Amtsgericht Tostedt bei Direktor Joachim Pittelkow und dem damaligen Jugendrichter Arne Wieben auf offene Ohren stieß. Seitdem gibt es einen Kooperationsvertrag zwischen Amtsgericht und Sportverein. Seitdem spricht man vom »Tostedter Modell«, und sogar der niedersächsische Justizminister Bernd Busemann schaute in dem kleinen Sportverein vorbei und attestierte dem Programm »Modellcharakter«.

Eike Holtzhauer steuert seinen Mazda zu einem unbebauten Gelände am Baggersee: Der Mazda ruckelt über den erdigen Boden. Hier baut der Sportverein ein »Gorodni-Feld«, eine russische Kampfsportart. Die Jungs beginnen zu arbeiten, der Boden ist schwer, die Arbeit anstrengend. Um elf kommt eine gute Fee aus dem Verein mit belegten Brötchen und Kaffee. Jetzt kommt die Zeit, in der sich Eike Holtzhauer vorsichtig erkundigt, weswegen die Jungs eigentlich in die Zelle müssen. Meist haben sie sich geprügelt und sind mit gefährlichen Körperverletzungen auffällig geworden. Der Warnschussarrest soll laut Jugendgerichtsgesetz »das Ehrgefühl des Jugendlichen wecken« und ihm vor Augen führen, dass er für seine Taten »einstehen muss«.

»Manchmal ist es wie im Film, die Geschichten sind so skurril, die glaubt einem keiner«, sagt Holtzhauer. Da war zum Beispiel das Großmaul, ein Junge, der immer nur von seinen Taten prahlte, von Bandenkriegen auf St. Pauli. »Irgendwann fragte ich ihn beim Frühstück, was er denn eigentlich arbeite.« Und dann passierte etwas Merkwürdiges. Der Junge begann von seiner Arbeit im Altenheim zu erzählen, aber so liebevoll, dass Holtzhauer der Mund offen stehen blieb. Ihm mache die Arbeit mit den Senioren solchen Spaß, erzählte der Junge, der eigentlich ein »harter Hund« war. Manchmal staunt Eike Holtzhauer über solche Erfahrungen. Manchmal kommen ihm fast die Tränen. Den Jugendlichen gibt er seine Handynummer und für viele wird er zu einem väterlichen Freund.

Manchmal fragt er sich aber auch, wie aus den Jungs überhaupt etwas werden soll. Dann, wenn er ihre Geschichte hört. Wie bei Adrian, dem Russen, der nur jeden zweiten Tag etwas aß, weil er sich zu dick fand. Zu Hause bei ihm gab es keinen Fernseher und die Mutter sprach mit ihrem neuen Freund nur Russisch. Solche Geschichten lassen Holtzhauer nicht los, deswegen besucht er auch den Mittwochstreff im Sozialamt, wo er die Müttergeneration der Jugendlichen trifft. Er steht im guten Kontakt zur Gleichstellungsbeauftragten der Samtgemeinde, Doris Herrmann, er hilft beim Dekorieren für den Weltfrauentag, an dem die Migrantinnen teilnehmen, und verschwindet als Mann vor der Feier. Manchmal murrt seine Ehefrau zwar ein wenig über seinen grenzenlosen Einsatz, aber sie ist auch stolz.

Nach drei Stunden fährt Holtzhauer mit den Jungs zurück in die Zelle, drei Stunden, in denen er und die »harten Hunde« sich kennengelernt haben. Die Jugendlichen bekommen aber auch etwas zurück, sie dürfen am Sonntag die große, sonnendurchflutete Fitness-Halle des Sportvereins nutzen. Wie ein normales Mitglied, ohne jegliche Stigmatisierung. Einige fanden das so gut, dass sie nach ihrer Strafe in den Verein eintraten. Und ein Hamburger Richter erlebte einen Angeklagten aus Wilhelmsburg, der sagte: »Wenn, dann gehe ich im Freizeitarrest nach Tostedt, da ist es gut.« Der Hamburger Richter ließ sich darauf ein.

Holtzhauer, der sich eigentlich ein gemütliches Rentnerleben machen könnte, macht kein großes Aufheben um seine Arbeit. »Integration ist kein Projekt, das irgendwann aufhört«, sagt er bestimmt. »Integration ist mehr.« Mittlerweile steht er in lilagrünen Wollsocken in der Judohalle des Vereins und deutet auf den »schön federnden Boden«. 6.666 Mitglieder zählt sein Verein, 3.300 Einwohner hat Todtglüsingen. Irgendwo zwischen diesen beiden Zahlen muss das Geheimnis des Sportvereins liegen. Das Geheimnis? »Du brauchst Menschen«, sagt Holtzhauer. »Nicht zehn Leute, die ständig alles gewinnen.« Im Todtglüsinger Sportverein wird ständig gearbeitet und Neues aufgebaut. »Alle ziehen für ein Projekt an einem Strang. Wir hecheln keinen Fördergeldern hinterher, sondern sind Meister im Selbermachen.«

Eike Holtzhauer ist Mitglied, seitdem er 33 ist, wurde zügig zweiter Vorsitzender, baute allein die Judoabteilung auf, damals, als der Verein noch 100 Mitglieder hatte, und er erinnert sich, wie die Integration anfing. Es waren die achtziger Jahre und eine Welle von Migranten schwappte nach Tostedt. Im Sportverein sah Holtzhauer libanesische Männer mit Schussverletzungen an den Beinen. Aus dem Bürgerkrieg. Er staunte. Und er erinnert sich: »Schwarze Augen hatten die und waren wie der Teufel hinter den Weibern her.« Doch das wurde geregelt. Trotzdem kamen nicht alle Mitglieder mit den Neulingen klar.

»Die mussten dann gehen«, sagt Holtzhauer lapidar. Angst vor Fremden kennt er keine. Obwohl ihm das nicht in die Wiege gelegt wurde. Sein Vater war Offizier in der kaiserlichen Armee, das Elternhaus deutsch-konservativ. Was ihn antreibe? »Da ist eine Liebe zu den Menschen.« Er wirbt Migranten für seinen Verein. »Überall, wo wir was riechen, gehen wir hin, zum Beispiel zu den Baptisten in die Russische Kirche.«

Integration trägt in Tostedt viele Gesichter. Nicht jeder, der mit Sport wieder auf den Weg gebracht wird, saß auch in der Zelle. Mike Tews hatte Glück. Sein Handschlag ist fest, er trägt Wollmütze, darunter die Haare geschoren, das Gesicht ist blass, ein wenig rund. Mit seinem Vater sitzt er im verspiegelten Tanzsaal des Todtglüsinger Sportvereins, um zu erzählen. Er ist 17 Jahre, flog von der Tostedter Hauptschule, weil er zwei Nazis auf dem Schulhof die Nase brach. Früher hing er auch mit den Rechten rum, plapperte ihre Parolen nach, doch dann stieg er aus. Anfang März vergangenen Jahres saß er wegen der Prügelgeschichte auf dem Schulhof neben seinem Vater im Amtsgericht, angespannt und ängstlich. Er erhielt sein Urteil: 42 Arbeitsstunden im Todtglüsinger Sportverein. Um den Freizeitarrest in der Zelle kam er damit herum, aber die Arbeitsstunden an den Samstagen im Sportverein waren fällig. »Scheiße, dachte ich«, sagt Mike, sein Körper ist vom Krafttraining geformt. »Doch am Baggersee dachte ich auch über die Straftat nach.«

Mittlerweile hat er den Hauptschulabschluss an der Waldschule in Buchholz gemacht und lernt für den Realschulabschluss. Er ist wieder in der Spur und will später auf dem Bau oder in einer Security-Firma arbeiten, vielleicht sogar als »X-Box-Tester«, erzählt Mike. Drei bis fünf Mal die Woche trainiert er im Kraftraum, danach geht's schön »gemütlich in die Sauna«. Sein Vater Michael Tews, 49, ist auch im Sportverein. Als ehrenamtlicher Integrationslotse, das ist eine 45-stündige Ausbildung zur »Orientierung« und »Unterstützung« von Migranten und Spätaussiedlern bei der »sprachlichen und gesellschaftlichen Eingliederung«, wie es im Amtsdeutsch heißt. Michael Tews trainiert auch die Herrenfußballer. Eigentlich war er Dachdecker, doch nach einem Arbeitsunfall befindet er sich in Frührente. Hört man ihn einige Zeit sprechen, wird deutlich, dass der Sportverein sein Leben ist. Nach einem Herzinfarkt begann er mit dem Training der Fußballmannschaft, die zu 90 Prozent aus Ausländern besteht. »800 Migranten haben wir im Verein, wenn unsere Mannschaft spielt, wird das endlich sichtbar«, sagt er.

»Seine Jungs« haben bei 14 Spielen jedes Spiel gewonnen, und der Trainer kann seinen Stolz darüber nicht verbergen. In der 4. Kreisklasse spielen sie an erster Stelle. Die jungen Männer seien vor allem Russlanddeutsche. »Im Training wird Deutsch gesprochen.« Der Trainer grinst. »Nur beim Spiel dürfen sie russisch sprechen, das versteht der Gegner nicht.« Ein besonders schönes Erlebnis sei die Trainingsfreizeit im dänischen Aalborg gewesen. Unter den vielen teilnehmenden Mannschaften hatten sie es ins Endspiel geschafft. Mit Nationalhymne. Der deutschen allerdings. Es war ein Gänsehautgefühl.

Neben dem Fußballer sitzt Natalja Totov im Vereinshaus, 40 Jahre alt und aus Russland. Sie ist für alle »die Eisprinzessin«. Wenn Natalia spricht, tut sie das so leise und schaut so verzagt, dass man sie spontan in den Arm nehmen möchte. Doch mit ihrer leisen Stimme und dem russischen Akzent beginnt sie zögernd ihre Geschichte zu erzählen. Natalja Totov stammt aus der Gegend um den Ural, kam als Russlanddeutsche hierher, nachdem ihre Schwiegergroßmutter schon nach Deutschland spätausgesiedelt war. Erste Station für Natalja Totov war ein Lager in Hollenstedt. Totov sprach kein Wort Deutsch und blieb bei den Kindern zu Hause, wenn der Mann in Buxtehude in die Glasfabrik arbeiten ging. »Selbst wenn du zum Arzt gehen willst, musst du die Schwiegeroma zum Übersetzen mitnehmen«, erzählt sie. Natalja wollte arbeiten. In Russland hatte sie Sport an der Akademie studiert und als Trainerin gearbeitet. Sie besuchte die Grone-Schule in Buchholz und lernte Deutsch in einem Integrationskurs.

Für ein Praktikum kam sie zum Todtglüsinger Sportverein. Für vier Monate. Plötzlich stand die schüchterne Natalja Totov wieder in der Fitnesshalle. Und die vom Verein sagten zu der studierten Sportlerin: »Wäre doch toll, wenn Du hier bliebest.« Natalja sagt: »Endlich habe ich mich wieder nützlich gefühlt.« Sie hatte die Idee, im Gesundheitssport etwas aufzubauen, und der Verein half ihr bei der Anerkennung ihres Abschlusses. Heute ist sie fest angestellt. »Das ist mein Leben«, sagt sie. »Ich bin hier wie zu Hause«, und sie meint das Gefühl in ihrem Zuhause in Russland.

Mittlerweile ist Natalja Totov wie Eike Holtzhauer und Michael Tews Integrationslotsin. Und sie kann die Schwierigkeiten der Migranten nachempfinden. Gemeinsam mit einer Deutschen leitet sie heute einen Schwimmkurs für ausländische Frauen. Manche konnten anfangs nicht schwimmen und hatten schon kulturell mit Problemen der Nacktheit zu kämpfen. Husna aus der Türkei hatte anfangs richtige Panikattacken im Wasser, mittlerweile stehen einige der Kursteilnehmerinnen vor dem Freischwimmerabzeichen oder üben die beste Kraultechnik. Fast wirkt es wie eine Metapher: Mit Sport haben sie sich freigeschwommen. Wie so viele andere Menschen, die in Tostedt fest in den Verein integriert sind.

AUCH FUSSGÄNGER DABEI

Die Rolli-Basketballer im Verein Blau-Weiss Buchholz zählen zu den Profis im Ligabetrieb Nord und sorgen für ein sportliches Miteinander von Behinderten und Nichtbehinderten.

Mit einem Arbeitsunfall startete die Sportkarriere von Barbara Erdrich aus Ottermoor. Damals, als junges Mädchen, stürzte Barbara Erdrich vom Heuboden in der Landwirtschaft ihrer Eltern, als sie im Betrieb half. Die erschreckende Diagnose nach dem Arbeitsunfall lautete Querschnittslähmung, und dass diese Diagnose Barbara Erdrich dem Sport näher bringen würde, hätte niemand, erst recht nicht sie selbst geglaubt. Bis dahin hatte sie mit Sport nicht sonderlich viel am Hut. Doch heute, 23 Jahre später, sitzt Barbara Erdrich in einem Sportrollstuhl mit hauchdünner Bereifung, die Räder nach außen geschrägt, sie sitzt in der Buchholzer Nordheidehalle am Rande eines Basketballfelds und beobachtet mit Argusaugen jeden Zug ihrer Rollibasketballer, sie arbeitet mittlerweile als Übungsleiterin im Rehasport.

Neben ihr sitzt Burkhard Parbst, ein Mann mit breitem Oberkörper und sympathischem Grinsen, die Schläfen schon ergraut, ebenfalls im Rollstuhl. Parbst trägt eine schwarz-orangene Jacke auf der »Speed Gear« steht, dazu eine Kappe mit Schriftzug »Route 66«. Er ist leidenschaftlicher Autobastler, schnelle Maschinen, das Abenteuer auf der Strecke sind sein Leben, immer noch, er sitzt seit einem Motorradunfall, da war er 26, im Rollstuhl. Parbst ist seitdem ab Mitte des Brustkorbes gelähmt und heute assistiert er Barbara Erdrich. Gemeinsam verfolgen beide Trainer das Rollibasketball-Training in der Buchholzer Nord-heidehalle, erst Aufwärmphase, Dehnübungen, dann das Korblegertraining, sie diskutie-ren, wie sich »ihre Leute« taktisch noch verbessern könnten.

»Es spielen auch Fußgänger mit«, erzählen Parbst und Erdrich, und aus ihrem Mund bekommt das »Fußgänger« fast einen witzigen, ein wenig despektierlichen Klang. Beim Rollibasketball in Buchholz sind die Fußgänger, also die, die nach dem Spiel aus dem Roll-stuhl aufstehen können und auf beiden Beinen nach Hause gehen, natürlich in der Min-derheit. Aber sie sind dabei. Gemeinsam mit ihrem Mann Thomas trainiert Barbara Erdrich die Nachwuchs-Basketballer beziehungsweise die Spieler, deren Handicap etwas »interessanter« ist.

Zunächst fing es klein an in einer Halle in Otter, die auch heute noch für den Behinder-tenbreitensport mit Elektrorollstühlen und einer Kinderrollstuhlgruppe, das jüngste Kind im Rollstuhl ist zwei Jahre, genutzt wird. Es begann mit nur sechs Leuten. Die Nicht-behinderten wurden angeworben, weil sie einfach Leute brauchten. Inzwischen trainieren die Buchholzer Rollis auf zwei Feldern, Thomas Erdrich trainiert heute die Neulinge, auf dem vorderen Feld bereitet Trainer Hans-Werner Süß erfahrene Spieler auf die taktischen Finessen der Ligaspiele der Oberliga Nord vor. Hans-Werner Süß und die Erdrichs sind selbst erfahrene Ligaprofis der Oberliga Nord, Süß ist überdies auch als Rollstuhlbasket-ballschiedsrichter unterwegs.

Hans-Werner Süß verfolgt mit kritisch zusammengekniffenen Augen von seinem Sportrollstuhl aus, wie seine Profis beim Korblegertraining über den Hallenboden wirbeln, dribbeln und Kehrtwendungen machen mit ihrer sportlich-schnittigen Bereifung. Er hat eine Tätowierung und bellt kurze, raue Kommandos über das Feld. Ab und an donnern Basketbälle mit enormer Wucht aus dem Spielfeld.

Mit dabei auf dem Feld ist Urs, der Sohn der Erdrichs. Urs ist mit dreizehn Jahren nicht unbedingt in dem Alter, in dem man Rollstühle als Sportgerät cool finden würde. Er ist nicht behindert und spielt im Team, er trägt seine Haare modisch schräg, ein Teenager, der sich in seiner Freizeit in den Sportrollstuhl setzt und mit seiner Mannschaft trainiert. »Weil es Spaß macht«, sagt er, inzwischen spielen sie in der Oberliga Nord gegen Mann-schaften wie »Greifswalder Wikinger« oder »Hamburger SV 3«. Auch Maximilian, ebenfalls Sohn der Erdrichs und ohne Behinderung, spielt in der Mannschaft, in der auch seine

Mutter Barbara und sein Vater Thomas auf dem Feld stehen. Die Behinderung steht bei all dem im Hintergrund, im Vordergrund steht der Ehrgeiz beim Profisport.

Die Ungleichheiten der körperlichen Behinderung werden im Rollstuhlbasketball, immerhin eine Disziplin der Paralympics, durch ein Punkteklassifizierungssystem zwischen 1 und 4,5 Punkten ausgeglichen, erzählen die Trainer. Ein »Fußgänger« startet mit 4,5 Punkten und die Gesamtmannschaft darf nicht über 14,5 Punkten liegen, das gebietet die sportliche Gerechtigkeit.

Sportrollstühle sind Wertgegenstände, verraten die Trainer Parbst und Erdrich. Zwischen 4.000 und 5.000 Euro sind nicht ungewöhnlich für einen Stuhl. Eine Fahrerin aus dem Profi-Team auf dem vorderen Feld rollt an die Seite und klagt: »Hab wenig Luft drauf.« »Die Bewegung wird dann schwerer«, erklärt Burkhard Parbst das Problem, der wie Barbara Erdrich Übungsleiter ist und in Wennerstorf in einer eigenen Wohnung lebt, Autonomie ist wichtig. In der Buchholzer Nordheidehalle herrscht eine muntere Stimmung, und so werden Besucher und Angehörige nach dem Training schon mal eingeladen, die Perspektive zu wechseln und sich in den Rollstuhl zu setzen. »Manche stellen sich schon ziemlich ungeschickt an, selten aber fallen welche um«, sagt Parbst.

Während des Trainings erzählen Barbara Erdrich und Burkhard Parbst von ihren Erfahrungen im Rollstuhl. Wenn es um »die Urinstinkte« gehe, sei es schnell mit der Integration vorbei. Zum Beispiel bei Behindertenparkplätzen, meint Parbst. Er habe es schon erlebt, dass Freunde seinen alten Golf 2 ausleihen wollten, weil es sich damit am Wochenende in der City so gut auf den Behindertenparkplätzen parken lasse. Parbst fährt wie selbstverständlich Auto und ist weiter berufstätig, er arbeitet bei Shell. Da ist nur seine Größe im Verhältnis zu den Arbeitskollegen. Früher war Burkhard Parbst ein Mann von einem Meter und achtzig, nach dem Unfall sieht er die Welt durch den Rollstuhl auf einem Meter und vierundzwanzig. Doch er ist kein Mann zum Trübsalblasen. Auch Barbara Erdrich meint: »Ich bin die Gleiche geblieben, nur die Leute sehen mich anders.«

Ihr Mann Thomas Erdrich beendet seine Stunde mit den noch zaghafteren Nachwuchsspielern auf dem hinteren Feld. Er erzählt, dass er besonders stolz auf einen der Buchholzer Spieler sei, Simon, der es bis in die Nationalmannschaftssichtung geschafft habe. Doch in Buchholz geht es nicht nur um Sport. Die Rollibasketballer sind über die Spiele hinaus zu einer Gemeinschaft zusammengewachsen, die sich zu Aktionen trifft, wie Picknicken, Kartoffelsammeln oder Fossilien suchen. Barbara Erdrich hatte für den Sportverein Blau-Weiss Buchholz noch eine Idee:

»Der Spielraum für alle« entstand, ein Spielplatz, der für Menschen mit und ohne Behinderung geeignet ist. Denn dass Menschen mit Behinderung selbstverständlich Spielgeräte benutzen können, ist eben leider gar nicht selbstverständlich. Sport und Spiel sollen auf diesem Sportplatz ineinander übergehen. Sie beobachtet, dass der Rollstuhlsport vielen ihrer Spieler wieder Selbstwertgefühl gibt. »Besonders für Grübler ist der Sport einfach super.«

Mit dem Rollstuhlsport schaffen es die Rollstuhlfahrer, anders sichtbar zu werden. Erdrich sieht darin fast ein Geschäftsmodell – sie vergleicht den Rollibasketball mit »Dialog im Dunklen«. Auch Nichtbehinderte könnten kurz mal die Perspektive wechseln. Und da Reha-Maßnahmen heute immer stärker gekürzt würden, könnte sie sich für Senioren und Neurollstuhlfahrer beinahe ein Mobilitätstraining vorstellen. Dann husche noch Arno Reglitzky, Vorsitzender des Sportvereins, in die Sporthalle. Er will ein Foto für den Rollstuhlsponsor der neuen, schnellen Sportrollstühle machen. Klar, ist er stolz auf das Engagement der Erdrichs. »Integration« sei »ungemein wichtig für einen Sportverein«, sagt er. Nach dem Rollstuhltraining und dem Fotoshooting mit den Rollstühlen geht die Mannschaft gemütlich eine Zigarette rauchen, draußen vor der Hallentür von Blau-Weiss Buchholz, behinderte und nichtbehinderte Sportler rauchen zusammen. Dann steigt Burkhard Parbst in seinen umgebauten Golf 2 und fährt wie selbstverständlich in der Dunkelheit in sein Apartment nach Wennerstorf davon. Die Journalistin nimmt er noch schnell und in sportlicher Fahrweise, wie es sich für einen echten Schrauber gehört, mit zum Bahnhof, Rollibasketballer sind halt sehr mobil.

DER DISZIPLINIERTE

Olympiavielseitigkeitsreiter Andreas Dibowski hat festgestellt, dass er nur südlich von Hamburg mit seiner Familie und seinen Turnierpferden leben will, dazu musste er bis nach Amerika reisen.

Ein Besuch auf dem Irenenhof in Döhle

Andreas Dibowski steigt aus seinem dunklen Geländewagen, in Reithose und roter Mannschaftskappe, »Deutschland« steht darauf. Dieses Jahr war er mit seinem neunjährigen Hannoveraner »Butts Avedon« Ersatzreiter für die deutsche Equipe bei den Olympischen Spielen in London. Gerade hat Andreas Dibowski sein Kind in den Kindergarten gefahren und auf dem Weg schnell noch eingekauft. Er streicht seiner Labradorhündin über den Kopf, die ihn am Wagen begrüßt, dann bespricht er mit Maria, seiner Stallmanagerin, den Tagesablauf. Maria kommt aus Schweden und soll gleich »Butts Leon« frisieren, der im Pflegestall auf der Stallgasse steht, später kommt der Pressefotograf.

In der Branche gilt es als kleines Märchen, dass das verkaufte Championatspferd nach einem Jahr wieder zu Dibowski in den Stall zurückkehrt ist. Die Reitmagazine sind wild auf diese Story, »ein Märchen«, schreiben sie. Denn »Butts Leon« ist das Goldpferd von Hongkong, Olympia 2008, ein absolutes Traumpferd, und jetzt wieder in Döhle.

Andreas Dibowski hingegen ist kein Märchenerzähler, er ist ein Mann der Präzision, ein Analytiker, drahtig, groß, aber mit sensibler Hand für seine Pferde. Einer mit klaren und rationalen Vorstellungen und einem getakteten Tagesablauf, gar nicht gern mag er es, wenn jemand in seine penible Ordnung hineinfunkt. Das zeigte sich dieses Jahr bei Olympia, aber im Grunde auch schon sehr früh: Mit 17 entschied er sich ganz pragmatisch, Profireiter zu werden, denn das konnte er besonders gut. Seine Eltern, die nicht reich waren, kratzten ihre Ersparnisse zusammen und kauften für 16.000 DM sein erstes Großpferd, vorher war er auf »Butschi«, dem Pony, geritten. Dibowski ließ als Berufsreiter sogar seinen Wunsch sausen, etwas mit Ornithologie zu machen, sogar ein Schulpraktikum im Vogelpark Walsrode hatte er schon absolviert.

Dibowski ist an diesem Montag wie jeden Morgen seit acht Uhr bei seinen Pferden in Döhle, am Rande der Lüneburger Heide. Der Irenenhof ist ein idyllisch gelegener, ruhiger Hof, seine Bereiter machen die Pferde für ihn in der Halle warm, dann steigt er in den Sattel und arbeitet mit den Tieren. Es gibt einen Wochenplan, der jeden Morgen nach Bedarf feinabgestimmt wird. Maria steht davor, der Plan hängt an der Stalltür. »Was erledigt wurde«, erklärt die Stallmanagerin, »wird gleich ausgewischt«, am Ende des Tages sollte die Spalte bei jedem Pferd wieder weiß sein. Dibowskis Turnierpferde stehen dort mit ihren Namen, »Songline«, »Eskadia«, »FRH Fantasia«, alle schon mal im Fernsehen gehört, aber auch das Pony seiner Tochter Alina, sie hat darauf bestanden.

Gearbeitet wird am Galopprhythmus, dazu fahren sie raus und üben am Berg, die Natur ist hier in der Nähe geradezu ideal, Springen, Traben und Dressur, das ganze Jahr über natürlich Konditionsaufbau. Die Dressur ist das, was Dibowski, der ganz offen und ehrlich erzählt, am wenigsten an der Vielseitigkeit mag, er verzieht das Gesicht. Gestern ist er bei der internationalen Vielseitigkeit in Schenefeld gestartet, der silberne Turniertransporter steht noch auf dem Hof, »Butts Avedon« hat seine Sache gut gemacht, ein passabler fünfter Platz. In der Regel macht Dibowski die Turnieranalyse gleich auf der Rückfahrt im Transporter, nicht selten veröffentlicht er seine Selbstkritik dann schonungslos auf seiner Homepage, seine Fans lieben ihn dafür.

Ein Vielseitigkeitspferd müsse »charakterstark« sein, sagt er, ein »Allrounder«, »vorsichtig und beherzt sein«, nicht viele Pferde bringen das mit, die besten Pferde sind gerade gut genug. Dibowski hat inzwischen ein Bauchgefühl bei den jungen Pferden, viele beneiden seine Intuition, nicht immer erweisen sich die spektakulären Pferde als die richtigen Treffer, sagt er. Das war bei einem Pferd für seine Frau so, ein nettes Reitpferd dachten alle, »gut dann reite ich die Stute mal ein bisschen«, dachte Dibowski und entdeckte ein herausragendes Turnierpferd.

Im alten Bauernhaus geht es vorbei an einer Vogelvoliere, schon als Jugendlicher hatte er große Volieren mit seltenen Vögeln, eine Reminiszenz an seine Vogelbegeisterung. Nach dem ersten Berufsjahr begann er zu zweifeln, erzählt Dibowski, mehr noch, er war sich sicher, dass dies der falsche Beruf sei. Er entdeckte kaum Idealismus, sondern nur Knochenarbeit als Bereiter, er musste Pferde reiten, die keiner mehr reiten wollte oder konnte. Heute kann Andreas Dibowski sich junge Pferde von Züchtern auf den Hof stellen und vier Wochen ausprobieren, mit welchem Pferd er weiter reiten möchte, er kann überlegen, wo er Zukunftshoffnungen sieht.

Mit 21 entschied er sich, nach Amerika zu gehen, bloß weg von hier und der Bereiterei, mit Rucksack ging es bis nach Miami, weiter reichten sein Ticket und sein Geld nicht. Dort entdeckte er seine Wurzeln und begriff, dass er nur in Norddeutschland, nur südlich von Hamburg leben und trainieren wollte. Als er nach einem Jahr zurückflog, sagte er sich: »Ich will meinen Beruf so leben und gestalten, wie ich es will.« Das bedeutete: »Dibo«, wie sie ihn in der Szene rufen, wollte sich schon in jungen Jahren nie mehr anstellen lassen, selbstständig sein. Es wurde ein richtiges Selbstfindungsjahr für ihn. Als fahrender Reitlehrer in der Nähe von Buxtehude und als Reitlehrer im Reitstall Borstelmann machte er zu Hause schnell Eindruck. Er nahm aber auch alles, Hausfrauen, Abteilungen. Dibo: »Nach einer Woche war ich ausgebucht.«

Dibo sitzt bei sich in der großen Küche auf dem umgebauten Irenenhof in Döhle, immer noch die Deutschlandkappe auf dem Kopf: »Früher war hier mal die Stallgasse« erzählt er. Die Fliegen schwirren ihm ums Gesicht. »Ich war dynamisch und konnte gut arbeiten, meine Ideen verkaufen«, erinnert er sich an seine Jugendzeit. Schnell hatte er sich eine Plattform geschaffen für Pferdeausbildung, »das ist einer, der die Pferde talentmäßig fördern kann«, sprach sich in der Szene herum. Die Turnierreiterei betrieb er privat an den Wochenenden, mit 24 kam für ihn der Durchbruch: Drei Pferde stellte er erfolgreich auf einem Bundeschampionat vor.

Zwei Jahre leitete er auch das neue Ausbildungszentrum Luhmühlen, privat kamen damals auch die ersten internationalen Erfolge als Reiter. Zwei Jahre später beschloss er jedoch, doch lieber wieder sein eigener Chef zu sein, Dibowski war es wichtig, seinen eigenen Rhythmus und seine eigene Linie zu fahren. Er gründete seinen eigenen Vielseitigkeitsstall auf dem Gestüt Irenenhof in Döhle.

Dibo gilt in der »Buschreiterszene«, wie sie die Militaryreiter nennen, als der Disziplinierte, auch er würde das unterstreichen. »Manchmal sagen sie, ich würde mich nicht richtig freuen, manche werfen mir das vor.« Aber weil der Leistungssport nicht immer schön sei und einen enormen Druck auf einen aufbaue, habe er sich eben angewöhnt, Niederlagen und Negativgedanken abzuschütteln, die Kehrseite sei, dass er auch bei Siegen nicht so euphorisch rüberkomme, sagt Dibo und lächelt leise. Momente, an denen sein durchgetakteter Tagesablauf an seine Grenzen kommt, spürte er dieses Jahr bei den Olympischen Spielen: »Für einen Mann wie mich, der seinen Tagesablauf minutiös selbst plant, war es hart. Mir gingen die ganzen Regeln auf den Keks, selbst wo man lang darf, ist festgelegt, man ist fremdbestimmt, es ist eine große Show.«

Auch die Rolle als Reservist für Bettina Hoy in der deutschen Mannschaft sei nicht leicht gewesen: Nicht für ihn und nicht für sein Pferd »Butts Avedon«, man sei stets etwas unentschieden, wie sehr man ein Pferd in der Vorbereitung dieser Belastung aussetzen solle. Diese Unentschiedenheit habe man dem Pferd angemerkt, am Ende war er froh, sagt Dibo, dass sie beide nicht zum Einsatz kamen. Seine Leute im Stall sagen, er und »Butts Avedon« seien »seelenverwandt«, vierjährig hat er ihn entdeckt, sagt Dibo, er fühle sich einfach wohl bei ihm im Sattel, und er »hat bestätigt, was man in ihn reinguckt hat«.

Den Turniersport will er noch vier Jahre machen, ungefähr bis »Rio«, noch mal Olympia-Adrenalin tanken, noch mal Fremdbestimmung aushalten, noch mal Langstreckenflug mit den Pferden. Schon jetzt teilt sich das Reiterjahr für ihn in zwei Hälften. Außerhalb der Turnierzeit, die im Oktober endet, gibt er Lehrgänge. Bei sich auf dem Irenenhof und außerhalb. Kleinen Reitgruppen gibt er dann Einblick in sein »Management« mit den Pferden, ein »langfristiges Konzept für jedes Pferd« brauche es. Die Reiter lernen dann Dibo, den Disziplinierten, kennen und können sich was abgucken. In weiterer Zukunft will der sich auf die Trainertätigkeit konzentrieren, junge Pferde entdecken und ausbilden, südlich von Hamburg, wo die Luft so gut ist. Das tue Pferden und Reitern gut, sagt Dibo, denn bei aller Disziplin muss auch er mal Luft holen. Das tut er vor allem im November, dann buttschert er auch mal in seinem Garten rum.

Geländetag, Luhmühlen

Dorfteich, Daerstorf

Cyclassics, Höpen

Geländetag, Luhmühlen

Geländetag, Luhmühlen

Stoppelfeldrennen, Wümme

Stover Rennen

Entenrennen, Roydorf

Scharmbeck

Deichlauf, Stöckte

DER LANDKREIS IN ZAHLEN III

Sport

Mitglieder, die über den Kreissportbund Harburg-Land in Sportvereinen organisiert sind: **90.000**

Sportvereine unter dem Dach des Kreissportbundes Harburg-Land: **200**

Sportvereinsmitglieder, die in ihrem Verein in Turngruppen aktiv sind: **31.105**

Sportvereinsmitglieder, die in ihrem Verein Fußball spielen: **14.814**

Mitglieder im Todtglüsinger Sportverein: **6.666**

Einwohner von Todtglüsingen: **rund 3.300**

Pferde, die im Landkreis Harburg registriert sind: **9.413**

BRATKARTOFFELCOUNTRY

STINTFIEBER

DIE REGION SCHMECKEN

WILLKOMMEN IM BRATKARTOFFELCOUNTRY

Marco Dartsch, 44, war Radio-Moderator bei NDR 2 und N-JOY. Im Landkreis Harburg hat er ein wahres Kocheldorado erschaffen. Direkt beim Freilichtmuseum am Kiekeberg bietet sein Erlebnis-kochen-Haus Raum für interessierte Kochfreunde. Dartsch kennt im Landkreis jede gute Bratkartoffel, die besten Hofläden und Kaffeelokale – denn er schreibt darüber Bücher und Gastrokritiken.

Herr Dartsch, wie würden Sie das gastronomische Lokalkolorit des Landkreises beschreiben, worin liegt der Charme?

Da will ich ehrlich sein: Der Landkreis Harburg ist Bratkartoffelcountry – nicht mehr und nicht weniger. Für viele Einheimische ist die Bratkartoffel der Hauptdarsteller und Fleisch die Beilage. Leider schaffen es nicht alle Restaurants, knusprig-krosse Bratkartoffeln auf den Tisch zu bringen. Mein Glücksgefühl: Viele familiengeführte Lokale verstehen ihr Geschäft richtig gut und arbeiten mit großer Gastfreundschaft. Die besten Bratkartoffeln macht aber mein eigener Vater, und die gibt es natürlich zuhause am Esstisch.

Welche Geheimtipps geben Sie denn Menschen, die kulinarisch etwas im Landkreis entdecken wollen?

Ich habe drei Tipps. Der erste ist kurz, klingt allgemein und einfach. Er heißt: Meiden Sie Brunchs & Buffets!

Wieso das? Da werde ich doch schön satt?

Ich denke, das Essen ist dort nie richtig auf den Punkt heiß gegart. Wer etwas später kommt, der wird mit Resteessen bestraft. Am Tisch herrscht außerdem stetig Unruhe, weil die Gäste und das Personal Tellertouren machen. Die wiederum werden von den Gästen latent zu voll beladen und Gerichte werden auf dem Teller zusammengemixt, die nicht zusammenpassen, alles fließt ineinander. Mein zweiter Tipp: Einfach mal Menüs bestellen! Bei einer Speisefolge hat sich ein Profikoch etwas gedacht. Die Gänge sind heiß und die Menge sollte gut dosiert sein. Auch sollte man sich ruhig trauen, Überraschungsmenüs zu bestellen, denn die sind vom Geschmack durchdacht. Entdeckungen kann auch machen, wer die Restaurants im Landkreis mit saisonalen Wünschen herausfordert, die nicht auf der Karte stehen: z.B. in Form eines persönlichen Wild- oder Spargelmenüs – das muss man natürlich vorbestellen.

Geht das nicht erst ab einer gewissen Preisstufe?
Jeder, der in ein Restaurant geht, hat seine individuellen Ansprüche. Viele freuen sich auf ein bestimmtes Gericht, das sie jedes Mal wieder bestellen. Mir persönlich ist Abwechslung wichtig. Ich freue mich mehr über eine kleine, frische Karte als über viele Positionen darin. Dann wird nämlich eher frisch gekocht als bei dicken Karten. Wer sagt, dass man sich nichts wünschen darf, was nicht in der Karte steht? Ausprobieren!

Wie lautet Ihr dritter Rat?
Man sollte ruhig mal einen Privatkoch engagieren! Das klingt zwar ein wenig exklusiv, ist es aber gar nicht so sehr. Es gibt immer mehr gute Köche, die zu Hause kochen. Und zwar zu zivilen Preisen. Ab 50 Euro pro Koch und Stunde geht es los. Man kann teure Getränke sparen und in seiner vertrauten Umgebung essen. Ich habe mich schon das eine oder andere Mahl selbst so bekochen lassen. Die Menüs sind immer an die Jahreszeit angelehnt. Wenn der Platz am Tisch nicht für alle Freunde reicht, gibt es seit ein paar Jahren ja auch unser Erlebniskochen-Haus am Kiekeberg. Ich sage immer, früher ging man essen, heute kann man zu uns kochen kommen.

Welches ist denn Ihr kulinarischer Lieblingsplatz im Landkreis – und warum?
Ich mag die grüne Wiese an der Luhebrücke zwischen Garstedt und Vierhöfen. Hier kann ich nach einer Kanutour wunderbar grillen oder picknicken. Mein Tipp: Einfach das Auto auf den benachbarten Parkplatz stellen und sich dann von einem Kanuvermieter nach Luhmühlen fahren lassen. Hier wird das Kanu ins Wasser gesetzt und man kann gemütliche 2,5 Stunden auf dem kleinen Heidefluss zurück paddeln. Er schlängelt sich reizvoll durch Wald und Wiesen und unterwegs sieht man viele seltene Tiere und Pflanzen. Eine Wegzehrung für die Kanutour sollte man natürlich nicht vergessen.

Ihr »Erlebniskochen-Haus« am Kiekeberg bittet Firmen und Privatleute in die Küche, um das gemeinsame Kocherlebnis zu feiern. Welche Rolle spielen dabei regionale Produkte aus dem Landkreis?
Regionale Produkte wie vergessene Gemüsesorten von regionalen Erzeugern oder Spargel von Bauer Schröder, der seine weißen Stangen direkt bei mir vor der Haustür erntet, spielen bei uns eine wichtige Rolle. Immer mehr Hobbyköche kaufen bewusst ein und wollen wissen, wie Lebensmittel erzeugt werden und wo die Zutaten herkommen, die sie in der

Küche haben. Grundsätzlich gilt: Je kürzer der Weg, desto besser das Gewissen und desto besser oft der Geschmack. In Frankreich stehen einzelne Regionen für eine bestimmte Spezialität. Bei uns ist das anders. Der Landkreis Harburg bietet eine große Vielfalt einheimischer Erzeuger mit völlig unterschiedlichen Produkten. In meinem regionalen Führer »Prost Mahlzeit« habe ich die Besten für den Hamburger Süden zusammengesucht. Sie sind auch auf der Homepage Prost-Mahlzeit.de verlinkt. Für alle, die zu regionalen Produkten greifen wollen, lebt und kocht es sich hier im Landkreis eigentlich geradezu ideal.

Sie wollen einen guten Wein kaufen, wo gehen Sie hin?
Ehrlich gesagt lasse ich mir die Weine direkt vom Winzer schicken. Wer sich nicht sicher ist, was ihm schmeckt, kann ein Weinseminar besuchen und ist bei jedem Weinhändler im Landkreis gut beraten, bei dem er in Ruhe und ohne Kaufverpflichtung probieren kann. Mein persönlicher Favorit ist derzeit ein Pinot Noir, das ist ein Spätburgunder, von Winzer Rudolf May aus Franken. Herrlich.

Zu guter Letzt: Wie sind Sie denn mit Ihrem Eventkochen ausgerechnet im Landkreis gelandet?
Ich bin im Hamburger Süden in Fischbek aufgewachsen und liebe die Natur direkt vor meiner Haustür. Das Erlebniskochen-Haus am Kiekeberg vereint für mich drei Vorteile unter einem Dach: Es ist nicht nur ein schöner Ort für Feiern, sondern gleichzeitig der Firmensitz meines Verlages mit einem Büro für mich und mein Team. Von hier betreuen wir auch deutschlandweit Veranstaltungen unseres Franchisesystems rund um Kochen und Weinschmecken. Die Lage zwischen Stadt und Land finde ich an Ehestorf attraktiv. Außerdem bietet mir das Erlebniskochen-Haus nicht nur einen Arbeitsplatz mit Blick in die Natur, sondern auch privaten Wohnraum für die entspannten Momente im Leben.

Verbringen Sie die denn mit Kochen?
Nein, ich kann gar nicht kochen, aber bitte nicht weitersagen!

TREFFEN MIT EINEM FISCHER – EIN WORTKARGER MANN, DIE ELBE UND DAS STINTFIEBER

Ein Marketinggenie soll er sein, der Herr des Stintfiebers –
doch bei der Recherche war er vor allem schwer zu erreichen.

Eine Glosse

Keine Berufsgruppe ist so beschäftigt wie der gemeine Elbfischer. Diesen Eindruck bekomme ich, als ich versuche, mich mit Herrn Grube, dem Elbfischer vom Hoopter Deich, zu treffen. Erste Kontaktaufnahme erfolgt in seinem Restaurant »Grubes Fischerhütte«, telefonisch. Ein netter Herr hebt ab und sagt, Herr Grube sei auf dem Wasser, er schreibe alles auf. »E-Mail?« »Nein, E-Mails seien keine so gute Idee.« Zwei Tage später. Eine nette Frauenstimme ist dran, ach so, ein Interview für ein Buch. Ja, der Herr Grube sei wieder auf dem Wasser. »Naja, da kann man nichts machen«, sage ich. Man möge doch ein Fax schicken, schallt es aus dem Hörer. Ich verfasse also ein Anschreiben, das ich dem Herrn Werner Grube hochoffiziell an den Hoopter Deich faxe, ich warte.

Langsam wird mir unbehaglich. Es gibt doch Zeitungsartikel, andere Kollegen müssen es geschafft haben. Dort ist zu lesen, dass der Fischer Grube eine Art Marketinggenie sei. Er wird Vater des Stint-Fiebers genannt. Er selbst wirbt auf seiner Homepage, dass seine Hütte eine »interessante Mischung aus Skihütte, Oktoberfest und Sylt-Feeling« sei. Ich bin neugierig. Über meinen Versuchen ist der Winter geschwunden, draußen wird es wärmer, die Gräser sprießen, es ist März. Vielleicht ist Grube ein ganz gewitzter Marketingmann, überlege ich, der nach der Maxime handelt, man müsse das Angebot nur verknappen, um den eigenen Marktwert zu steigern. Mein Interesse ist geweckt.

Inzwischen kenne ich die Nachbarn des Fischers, Elbfährmann Kuddel hat mir mitleidig und hilfsbereit Grubes Handynummer rübergeschoben. Als ich es dort versuche, hebt keiner ab, ich hatte es irgendwie auch nicht anders erwartet. Vor mir sehe ich Wilhelm Grube auf dem Elbkutter, wie er in zünftiger gelber Regenjacke und Gummistiefeln ein zappelndes Netz an Bord zieht. Auf dem benachbarten Apfelhof tröstet mich liebevoll Sabine Lehmbeck, auch für die Nachbarn sei der Herr Grube »unglaublich schwer« zu erreichen. Immerhin.

Im März beginnt die Stint-Saison, die Zeit jener silbrigen Winzlingsfische, die, wenn sie frisch sind, nach Gurke riechen sollen. Nun gibt es für mich kein Halten mehr: Ich muss Wilhelm Grube, der am Hoopter Elbdeich ein Fisch-Eldorado erbaut hat, kennenlernen und das Geheimnis des Stint-Fiebers lüften. Ich greife zum Festnetztelefon und kann es kaum glauben: Eine schnarrende, norddeutsche Männerstimme meldet sich. Es ist tatsächlich Wilhelm Grube persönlich. Ich trage mein Anliegen vor.

»Ein Treffen?« fragt Grube gedehnt und fast amüsiert. Langsam beginne ich an den journalistischen Praktiken meiner Kollegen zu zweifeln. Grube erklärt mir nachsichtig, er habe so viel zu tun, ich könnte mich ja 2013, also in genau einem Jahr noch mal an ihn wenden. Ich lausche verdattert und versuche ihn zu ködern. »Ich höre schlecht«, schallt es aus dem Hörer, dann piepst es. Aufgelegt.

Doch vorher hatte Grube noch etwas gesagt, ich könne es versuchen, vorbeikommen, garantieren würde er für nichts. War das Funkloch ein Trick vom Fischer oder war er auf seinem Kutter? Ich muss aufpassen, nicht paranoid zu werden. Inzwischen erscheinen mir übergroße Stinte im Traum, die aus gischtigem Elbwasser auf ein Fischerboot springen, das auch im echten Leben des Fischers »Stintfieber« heißen soll. Im Wasser ist in meinem Traum ein Riesenfisch zu erkennen, der ein Fax aus den Wellen hält. Das kann nicht gesund sein. Ich wache verschwitzt auf. Habe ich das Stintfieber? Ich ziehe die letzte Karte und programmiere mein Navigationsgerät.

Es ist herrliches Wetter, als ich beinahe aufgeregt nach Süden aufbreche. Ich werde Herrn Grube bei einem Testessen aufspüren. Wenn man so will, bin ich nun die ungekrönte Testesserin, der Gault Millau-Tester der Fische, undercover unterwegs. Mittlerweile habe ich mir auch einige Expertise angelesen, Grube taumelt, so scheint es mir zumindest, von einer Fang-Saison zur nächsten. Hat der Matjes abgedankt, so ist die Scholle dran, Oktober ist wiederum Aal-Zeit und dann folgt bis Ende November der beliebte Karpfen. Kein Wunder, dass der arme Mensch nie Zeit hat.

Was Grube und sein Bruder Werner morgens fangen, ist mittags auf dem Tisch, außerdem beliefern sie Restaurants der Umgebung mit ihrem Fang. Grube ist seit drei Generationen im Business, zuerst lernte er allerdings Bäcker. Deswegen, so heißt es, backe er auch das Brot selbst, das in der Fischerhütte zum Fang serviert wird. Mir läuft das Wasser im Munde zusammen. Das Fischfieber hat mich vorfreudig im Griff.

Als ich losfahre, dudelt »Rivers of Babylon« aus dem Autoradio, das muss ein Zeichen sein. Dann bin ich endlich da. Vor der Fischerhütte steht ein Schild, das mir unmissverständlich signalisiert, dass ich am Ziel angelangt bin: Ein silbriger Fisch, vermutlich ein Stint, reckt sich auf dem Dach des Schildes in die leicht windige Elbdeich-Luft. Auch andere hatten offenbar die gleiche Idee wie ich: Die Autos der Stintfreunde stehen in Reih und Glied auf dem Parkplatz, glänzen um die Wette, drinnen mit üppiger Fischdeko, mit Netzen und allerlei Fischkitsch an den Wänden, sitzen locker die Ausflügler, die Motorradfahrer und Fischesser und scherzen angeheitert auf den zünftigen Holzbänken. Einige haben offenbar schon gut was intus. Ein Mann mit rosigen Wangen, rundem Gesicht und ergrautem Haar steht an der Pfanne, ist das Wilhelm Grube, mein Mann, der Herr des Stints? Ja! Ich kann es irgendwie kaum glauben.

Ich wähle einmal Stint satt, in Speck gebraten. Der Duft auf dem Teller entschädigt mich endlich für den ganzen Stress mit dem Stintfischer, ich knabbere mich versonnen durch die krosse Panade, vergesse Wilhelm Grube und überlege, ob ein Aquavit oder ein Pils besser passen würden. Die Anspannung weicht durch meinen Magen. Kess zwinkere ich Wilhelm Grube zu, mache mir ein paar Notizen und bilde mir ein, dass er diabolisch grinsend zurück zwinkert, auf seiner Stirn glänzen die Schweißperlen. Uns hat wohl beide das Stintfieber gepackt. Von mir bekommt er eine Eins mit Sternchen für seinen heutigen Fang. Und wer will reden, der das schmecken kann? »Tschüüüüüß«, bis zum nächsten Mal, grüßt Grube mir hinterher, als ich satt durch seine Tür entschwebe.

»DIE WOLLEN DIE REGION SCHMECKEN«

Ob Forelle, Heideschinken, Schnuckenbraten oder Käse aus der Elbmarsch:
Regionale Produzenten entdecken Nischen, in denen sie sich geschickt vermarkten.
Mancher Verbraucher zahlt sogar ein paar Euro mehr, und der Einkauf wird Erlebnis.

Irmgard Kröger steht in einer Jack Wolfskin-Jacke vor einem Forellenteich, nur einen Katzensprung vom Büsenbachtal mit seinen duftenden Wacholderbüschen entfernt. Sie öffnet die Hand und lässt Fischfutter aus Dänemark über das Wasser rieseln. Schon tanzt das neun Grad kalte Wasser. Irmgard Krögers Forellen aus der Wörmer Zucht haben Appetit und Forellen als regionale Spezialität liegen voll im Trend.

Rund 120 Tonnen Fisch im Jahr sind es, ungefähr 30.000 Forellen, die die Krögers aus Wörme an Gastronomen, Züchter und Teichbesitzer verkaufen. Gemeinsam mit dem Fischzuchtmeister Klaus Kröger, ihrem Ehemann, baute die Grundschullehrerin aus Jesteburg, unter anderem unterrichtet sie Mathematik, in den siebziger Jahren die Forellenzucht auf. Angefangen mit einem Teich, sind es heute rund 100 Quell- und Naturteiche. »Unsere Zucht reicht vom Ei bis zur fertigen Partyplatte«, erzählt Kröger nicht ohne Befriedigung in der Stimme, während sie in Gummistiefeln über das Gelände streift. Die Forellen durchschwimmen bei ihr drei Lebensabschnitte: Brut-, Setzlings- und Mastanlage, bis sie lebend verkauft oder als Spezialität über die Ladentheke wandern.

Irmgard Kröger sagt, dass die gute Qualität am Quellwasser liegen muss, da ist sie sich sicher. »Ich kann die Qualität förmlich riechen.« Mit Trinkwasserqualität sprudelt es über dem Gelände ihres Hauses aus der Erde und ist sehr sauerstoffhaltig. Wenn die Leute fragen: »Haben Sie Bio-Forellen?« muss Kröger mit ihrer bodenständigen norddeutschen Art immer lachen. »Wir haben unser gutes Wasser«, sagt sie dann und liegt damit auch ohne Biosiegel im Trend der regionalen Lebensmittel, die immer mehr Menschen suchen.

Eine Frage der Ehre ist, dass in Wörme selbst geräuchert wird. Im gekachelten Hofladen steht eine Salatbar, in der Irmgard Krögers Forellensalate zu bestaunen sind. Sie hat ihren Ehrgeiz in die Kreation und Weiterentwicklung von Produkten rund um die Forelle gelegt. 100 Kilo Salate sind es, alle selbstgemacht und ohne Konservierungsstoffe, die in der Woche produziert werden. Kröger reicht ihre pikanten Forellenpaddelsticks zum Probieren, Fingerfood nach Forellenart. Es gibt feine Gewürze, Weißweine, und im Kühlraum lagern Silberplatten, die mit Forellenkaviar, Räucherforelle, kalter Lachsforelle, Schwedenhappen oder Forellenpastete förmlich auf Partys warten.

Wörme: Der Hof als Individuum

Einen Katzensprung entfernt leben auf dem Wörmer Hof 2 die Idealisten. Elena Thiel führt auf dem Feld vor dem Hof gerade zwölf Kletterziegen spazieren, die auf Fichtenstämmen turnen und an Heidelbeeren naschen. Elena Thiel ist Lehrling im zweiten Lehrjahr auf dem biologisch-dynamischen Demeter-Bauernhof. »Biologisch-dynamisch, das ist noch strenger als Bio«, sagt sie liebevoll und lädt zu einer Führung über den 120 Hektar großen Hof. Die Erben der Hofbesitzer Karl und Helene von Hörsten fanden, dass Besitz dieser Größenordnung kein Privateigentum sein sollte. Seit Ende der achtziger Jahre wird der alte Bauernhof in Wörme deswegen von einer Hofgemeinschaft bewirtschaftet, hinter der ein Treuhandverein steht, einen richtigen Chef hat Thiel nicht, es gibt nur Leiter verschiedener Bereiche. Im Stall warten 35 bunte Bentheimer Schweine, 1.500 Hühner, 45 Rinder und 25 Ziegen. Über den Hof watschelt ein entspanntes Laufentenpaar, Laufentendame Schoki mit einem ihrer zwei Männer, im Verschlag mit Zweigen und Reisig turnt der Ziegennachwuchs von Kasperle, dem Ziegenbock. In der Hofbibliothek wiederum stehen Titel wie »Steine, Mensch und Edelsteine« oder »Böden unserer Heimat«, einen Fernseher gibt es für die Abende im urigen Wohnhaus von 1817 mit der Gutsküche und den Riesenkochtöpfen bewusst nicht.

Auf dem Wörmer Hof wird die Philosophie von Rudolf Steiner gelebt und der Hof selbst als ein Organismus betrachtet. Gesucht wird ein neuer Umgang mit der Natur, und Homöopathie wie beispielsweise das bekannte Präparat »Hornmist«, so erzählt Elena Thiel, wird eingesetzt. Die Kunden können im Wörmer Hofladen Obst und Gemüse aus eigenem Anbau kaufen, Milch, Joghurt oder Frischkäse aus der Hofmolkerei mitnehmen und in der Backstube des Hofes backt der Biobäcker und Wirtschaftswissenschaftler Dirk Öllerich, Brot im Holzofen. Es wird in Hofläden, Supermärkten und auf Wochenmärkten verkauft. Auf dem idyllischen Hof in Wörme leben Idealisten und Aussteiger, Bio-Helfer, sogar ein Freiwilliger aus Ecuador hat hier angeheuert. Sie erleben die Natur, Lagerfeuerabende, Übernachtungen im Bauwagen, aber auch, dass der Hof zum Wochenenddienst ruft und niemals schläft. Auch ein Rechtsanwalt und eine Heilpraktikerin haben sich hier zur Arbeit in der Hofgemeinschaft niedergelassen. Es sind allesamt Menschen, die Grenzerfahrungen mit der Natur suchen, eine kleine »Wahlfamilie«, nennt es Elena Thiel.

Salz, Rauch und Liebe in Hollenstedt

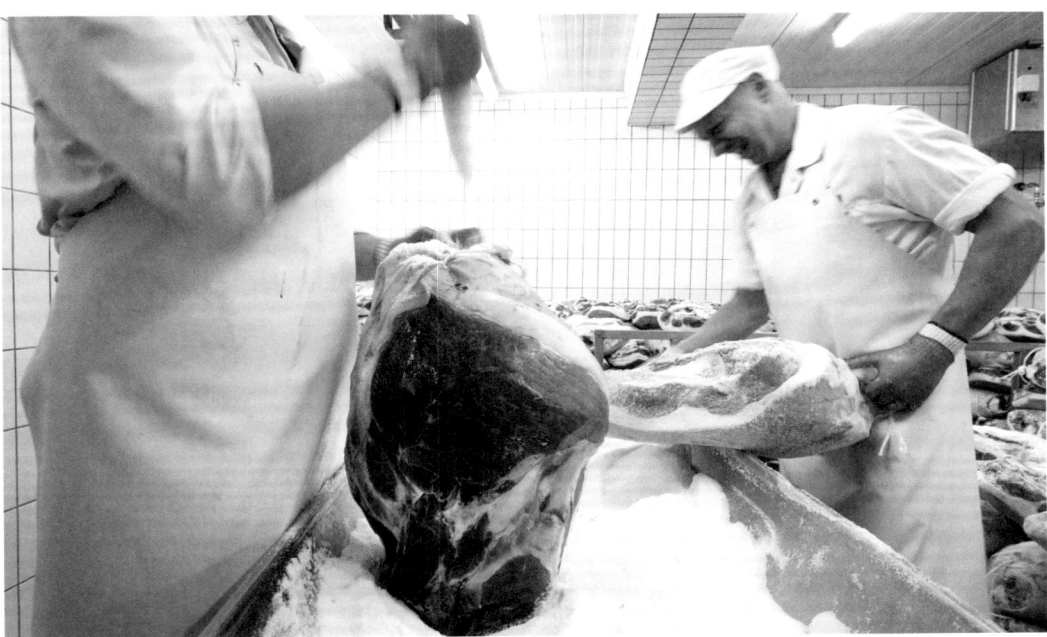

Henning Basedahl und seine Crew laufen 25 Kilometer weiter nördlich in Hollenstedt auf Hochtouren. Es ist Spargelzeit, was ungefähr jedes Jahr gleich viel wie Stress heißt, für Henning Basedahl sogar Arbeitsschichten von fünf bis 23 Uhr, da heißt es »Hau rein, Keule«, für Chef und Mannschaft. Der Chef setzt in seiner Heidekatenschinkenräucherei auf Handarbeit, das schlichte Salz, tägliches Prüfen der Schinken und sein Gespür für den Schinken, das mit den Jahren gewachsen ist. Die Sauenschinken bekommt er aus

Buxtehude und aus einem Betrieb aus Westfalen. Zurzeit kommt das Lieferauto mehrmals am Tag angerauscht. Basedahl pickt sich die Rosinenschinken raus, riecht, fühlt, befingert und erschnuppert die Schinken, was ihm nicht gefällt, muss zurück. Die Reihenfolge heißt bei ihm: Salz, Rauch und Liebe. Ach ja, und sehr viel Zeit. Der kleine Laden in Hollenstedt ist praktisch immer voll. Die Regale sind voller Spezialitäten, feiner Wurst, Weinen, Käse, alles Produkte aus Handarbeit, und es gibt den Heidekatenschinken aus Hollenstedt an drei Tagen die Woche hier zu kaufen.

Knapp 20.000 Schinken sind es derzeit pro Jahr, die im Familienbetrieb von Hand mehrfach eingesalzen, gewendet und in den alten Räucherkammern mit Buchenholzrauch veredelt werden. Bei den Basedahls hat das Familientradition. Schon der Vater Hans-Hinrich Basedahl aus Buxtehude räucherte hier seinen Schinken. Er hatte zunächst als ausgebildeter »Verkäufer für Fettwaren« ein Geschäft in Winterhude, doch Mitte der Siebziger erfolgte zwecks Vergrößerung der Umzug nach Hollenstedt. Sohn Henning musste spätestens an dem Tag ran, als sich der Vater im Betrieb beim Zerlegen eines Schinkens den Handballen »abraspelte«. Die Kunden scheinen den Familieneinsatz zu würdigen, Qualität zahlt sich gegenüber Discounterware aus, glaubt die Familie.

Regionale Marketingstrategie: Vernetztsein ist alles

Auch Marcus Ramster aus Schneverdingen liebt quasi ehrenamtlich regionale Lebensmittel. Er ist erster Vorsitzender des »Verein zur Förderung der regionalen Esskultur« und führt das Hotel Ramster in Schneverdingen. »Wir wollen die Wirtschaft vor Ort stärken und Kreisläufe vom Produzenten bis zum Endverbraucher sichtbar machen«, erklärt er die Ziele des Vereins. Eine weiße Schürze auf blauem Grund kennzeichnet die Mitglieder. Alle wollen sie das kulinarische Erbe einer Region erhalten, eine Idee, die ursprünglich aus Schweden kommt. Mittlerweile gibt es 24 Netzwerke in Europa, die ein gemeinsames Marketing und Kriterien verbinden. Auch bei sich auf der Speisekarte hält Ramster alle Gebote penibel ein: Hinter den Heidschnuckenbraten notiert er, woher sein Fleisch stammt.

Je nach Jahreszeit serviert er Damhirschschinken oder Heidschnuckenbratwurst aus der Nachbarschaft. »Die Renner.« Genauso kann der Gast bei der Buchweizentorte erfahren, dass Ramster den Buchweizen vom Landschaftspflegehof Tütsberg bezieht. Dieser wird von der Stiftung Naturschutzpark betrieben und will für die Region typische Sorten erhalten: Sandhafer, Nacktgerste und Buchweizen. »Für den Verbraucher ist die regionale Nähe vertrauenserweckend«, sagt Ramster selbstbewusst.

Ihm dämmerte die Wichtigkeit von Transparenz in der Nahrungsmittelkette schon vor den Lebensmittelskandalen: Er litt selbst an Nahrungsmittelallergien. Bevor ein Betrieb in »sein Netzwerk« darf, wird seine Speisekarte durchleuchtet. Mehr als die Hälfte der

Zutaten eines Gerichts sollten aus der Region kommen und für die Region typisch sein, außerdem wird auf die Atmosphäre geachtet. »Plastikstühle auf der Terrasse kommen nicht gut an«, sagt Ramster. »Der Tourist will doch die Region schmecken, er will bei uns authentische Produkte wie Heidschnucke und keine Pizza.« Besonders in den letzten Jahren hat dieser Trend zugenommen. Mancher Tourist zahle sogar einen Euro mehr, weiß Ramster, um Schnuckenfleisch aus der Heide zu essen. Sechs Schnuckenherden grasen für den Verein Naturschutzpark, die Tiere werden in zwei Landschlachtereien zu Spezialitäten verarbeitet.

Schnuckenknacker aus Egestorf

Eine Schlachterei liegt im Heideörtchen Egestorf. Begonnen hat das Geschäft der Land-schlachterei Ewald Albers 1929 mit den Hausschlachtungen von Großvater Eduard. Hinter dem Tresen in einem bodenständigen Rotklinkerhaus aus den 50er, 60er Jahren, auf dem in Leuchtbuchstaben »Landschlachterei Ewald Albers« prangt, steht heute mit Ehefrau Petra Albers die dritte Generation. Von weither kommen ihre Kunden, erzählt sie, um die Schnuckenmettwurst, den Schnuckenschinken, die Schnuckenknacker, die selbstein-gekochte Heidschnuckengulaschsuppe in der Dose und, und, und zu kaufen. Hat sie nichts vergessen, überlegt Petra Albers? Ach ja, Grützwurst als Konserve zum Heißmachen, ist zu Kartoffeln besonders zu empfehlen. Drei Generationen verstehen bei Familie Albers etwas vom Geschäft mit dem Heidschnuckenfleisch, und die vierte wird gerade eingebunden. Petra Albers will mit ihren Kochkünsten nicht prahlen, doch sie stehen bei Skandinavienurlaubern aus ganz Deutschland besonders hoch im Kurs. Die halten in Egestorf zum Zwischenstopp, um sich mit den Hausmacherkonserven nach Heidschnuckenart einzudecken und die Spezialitäten dann im Urlaub zu essen. Wie die Schnucke schmeckt? »Edel, so ein bisschen nach Wild, tendiert ein wenig zu Reh«, sagt Petra Albers.

Nicht nur beim Fleisch zählen regionale Produkte immer mehr. Im beschaulichen Toppenstedt liegt der Hof von Kartoffelbauer Willy Isermann. Er ist stolz darauf, dass sich die Lüneburger Heidekartoffel von anderen Kartoffeln abhebt. Sie ist auf dem besten Weg ins Premiumsegment, glaubt er. Den 6. August hat Isermann sich deswegen auch als Glückstag im Kalender eingekringelt. Vier Jahre hatte sein unermüdlicher Einsatz gedauert, bis die EU an diesem Tag die Lüneburger Heidekartoffel als geschütztes geografisches Nahrungsmittel anerkannte. Die Heide, da ist sich Kartoffelbauer Willy Isermann sicher, ist besonders positiv bei Verbrauchern belegt und seit zwei, drei Jahren spürt er, wie der Trend zu den Produkten aus der Region anzieht. Städter bringen als Erlebniseinkauf den Sack aus der Heide mit.

Isermann ist auch Vorsitzender des Heidekartoffelverbundes und gründete im März 2011, also weniger als ein Jahr nach der glücklichen EU-Anerkennung, mit schlauen Kartoffelbauern die Schutzgemeinschaft Lüneburger Heidekartoffel. Neue Absatzmärkte will die erschließen und eine gemeinsame Marketingstrategie finden, ein gemeinsames Corporate Design für die Heide-Stars Belana, Prinzess und Gala ist schon gefunden. Jetzt sollen Synergieeffekte von Kartoffel und Tourismus her, mit dem Naturpark Lüneburger Heide wollen die Kartoffelbauern kooperieren. Ein erster Schritt: Die Kartoffelsäcke wurden mit dem Schriftzug »Heidekartoffel« bedruckt. Isermann hofft insgeheim, dass das den Preis ein bisschen nach oben drückt.

Quereinsteiger mit Ideen: Forellenhof und historische Hofstätte

Im Landkreis sind nicht alle so lange im Geschäft wie Landwirt Willy Isermann, es gibt auch Quereinsteiger, die am Werberschreibtisch in Hittfeld saßen und jetzt frischen Wind bringen. So ein Beispiel ist der Forellenhof in Hollenstedt, der seit Kurzem von der Werberin Christina Behrens und dem Eventmanager Thore Ankersen geführt wird. Den Neulingen war das Forellenbusiness keineswegs zu schwierig. Sie sattelten lieber drauf und eröffneten auf dem Forellenhof auch noch das Restaurant »Lieblingsplatz«, wo sie hofgeräucherte Lachs- und Roggenforelle, Helmstorfer Fischcremesuppe oder regionale Spezialitäten wie die Kartoffeln von ihrem Nachbarn, dem Landwirt Jürgen Maack, servieren. Gegessen wird auf Holzstühlen auf der Terrasse, unter Sonnensegeln mit Blick auf die Forellenteiche, in denen neben Forellen auch Karpfen und Saiblinge springen. Ringsherum schnattern Gänse, blühen Seerosen. Abends zündet Christina Behrens dann die Kerzen an und ab und an spaziert am Ufer ein Reiher entlang.

Auch die Geschicke von »Hof und Gut« in Itzenbüttel bei Jesteburg werden von einem »Branchenneuling« gelenkt. Als Johanna Coleman und ihr Partner Axel Brauer mit den Geschwistern zusammen den Hof von ihren Großeltern erbten, ahnten sie, dass Arbeit auf sie zukommen würde. Sie hatten die Idee, die historische Hofstelle wieder als eine Art Zentrum für den kleinen Ort zu beleben. Die Marschrichtung lautete »autonomer Hof«, wie Johanna Coleman in ihrem hofeigenen und urigen Restaurant »Stub'n« vor dem lodernden Kaminfeuer erklärt. Eine Art Kreislauf sollte in Gang kommen, der wie früher Menschen und Tiere ernährt und Lohn und Brot gibt. Nachhaltig nennt man so etwas heute. Und als würde das nicht reichen, planten sie die Hofstätte in Itzenbüttel auch zu einem Ort für generationenübergreifendes Wohnen zu machen.

Johanna Colemans Händedruck ist fest, die Art geradeaus. Gerade wird auf dem Hof geschraubt und gehämmert, denn das Team baut einen Teil des Bauernhofes aus, in dem heimelige Zimmer für Gäste entstehen. Coleman zeigt die Baustelle, schlüpft schnell aus den feinen schwarzen Riemchenschuhen. Unter der Woche arbeitet sie auf dem Managementparkett, das Wochenende gehört dem Bio-Hof mit eigenem Reitbetrieb und dem 250-Seelen-Dorf Itzenbüttel. Möglich macht dies Pendeln zwischen den Welten eine Bahncard 100.

Die Hoffläche von 85 Hektar aus Forst- und Ackerflächen wird biologisch bewirtschaftet. Linda und Salomé werden geerntet und kommen im Hofrestaurant genauso auf den Tisch wie die eigenen Gänse vom Hof, zur Ganszeit muss vorbestellt werden, außerdem gibt es seltene Aubrac-Rinder aus Frankreich, eine 150 Jahre alte Rasse, von der es in Deutschland nur 2.500 Tiere gibt, eine kleine Herde grast bei Hof und Gut in Itzenbüttel. Von den guten eigenen Linda-Kartoffeln gibt Coleman zum Abschied gleich eine Tüte zum Probieren mit.

Elbmarschkäse: Der Erlebniseinkauf

Für manchen Städter ist der Einkauf bei den Produzenten auf dem Land zum Eventeinkauf geworden. Eine Gruppe aus Winsen hat sich gerade im Hofladen der Landkäserei Fehling im 160-Seelen-Dorf Fahrenholz versammelt. Ulrike Fehling, rote Wangen, Löckchen, pragmatische Art, schneidet ihren Star, den Elbmarscher mit Schnittlauch, auf, lässt vom Käse mit italienischen Kräutern probieren und empfiehlt den »Fahrenholzer Käsetopf« mit Knoblauch und Rosmarin. »Das schmeckt doch nach Wein und Terrasse«, sagt die gutgelaunte Bäuerin und 15 Euro wandern flugs über die Ladentheke ihres Hofladens, der gut sichtbar die Plakette von Ramsters regionaler Esskultur trägt.

Ihre Milchlieferantinnen stehen nebenan im Stall, 16 Kühe, 140 Liter Milch geben sie pro Melkmahlzeit, 300 Liter am Tag. Fehling nennt ihre Kühe »Charakterkühe«, um sechs Uhr in der Früh schließt sie die ersten an die Melkmaschine an.

In weißen Gummistiefeln, die EU will es so, führt sie in die Produktion. Dort stehen 120 kleine Elbmarsch-Camemberts und wollen gesalzen werden. Fehling brachte sich das

»Käsen« selbst bei, begann 1994 hochschwanger die Käserei. »Das kann doch nichts werden«, dachte sich der Vater. Mittlerweile hat Ulrike Fehling es allen bewiesen, »Der Feinschmecker« listete sie 2011 als einen der besten Käseproduzenten Deutschlands. Ulrike Fehling hat sich die Urkunde in ihrem Hofladen aufgehängt, damit sie immer drauf schauen kann, zur Ermunterung. Drei Generationen leben auf dem Hof, der seit 1664 von der Familie bewirtschaftet wird. Ulrike Fehling ist von den regionalen Produkten überzeugt, mit den »Slow Food-Leuten« machte sie schon etwas und arbeitete mit einer Vollkornbäckerei zusammen auf der »Internorga«. Ihren Käse verkauft die Bäuerin nicht nur im eigenen Hofladen, vor dem die Kirschblüte flammt und Hofhund Tinka, ein quirliger Jackrusselterrier, spielt. Ihr Käse ist in verschiedenen Supermärkten zu haben und der Quark sogar im Mövenpick-Restaurant am Hamburger Flughafen zu kaufen. Nur Fehlings Teenagertöchter sehen sich nicht unbedingt als Bäuerinnen. Sie träumen von einer Werberkarriere in New York.

Prosit auf die Region

Wer nach Heidschnuckenbraten, Spargel oder Buchweizentorte regional satt ist, kann sich zum Schluss bei Brauereimeister Dieter Koch am Kiekeberg noch einen »regionalen Botschafter Niedersachsens« zur Brust nehmen, so heißen Produkte, die als regionale Spezialität gekürt wurden. Koch, der über siebzig ist, wurde das Gefühl für Schnaps quasi schon in die Wiege gelegt, bereits sein Vater und sein Opa aus Oberschlesien waren erfahrene Brennmeister. Koch brennt in der Museumsbrennerei des Kiekebergmuseums den typischen Haidmärker, einen milden Roggenkorn mit feinstem Roggen aus der Heide, und zwar auf einer Anlage, auf der Original schon 1926 die Familie Harms aus Salzhausen brannte. Die Fans des Produktes sollen angeblich bis nach Süddeutschland reichen. Vor allem die Zeit spielt dabei eine Rolle: 13 bis 14 Stunden gibt Koch seinem Korn, in der Industrie seien es nicht einmal zwei Stunden. Danach bekommt der Korn noch »Bedenkzeit« im Eschenholzfass, das rundet den Geschmack so schön. Nach ein paar Zügen Roggenkorn kribbelt es warm und scharf im Magen. Den Rest sollte man wie die »Edle Ernte«, ebenfalls ein gekürter Botschafter (ein Kornbrand mit norddeutschem Champagnerroggen), das »Haideküßchen« (ein Granatapfellikör) und den »Alten Haidmärker« (den schon Reichskanzler Bismarck lobte) mit nach Hause vor den Kamin nehmen oder gleich mit dem Taxi zurückfahren. Aber bitte dort den Korn nicht in den Kühlschrank packen, da versteht der Brennmeister gar keinen Spaß, Dieter Koch erbittet sich Zimmertemperatur für seinen Brand.

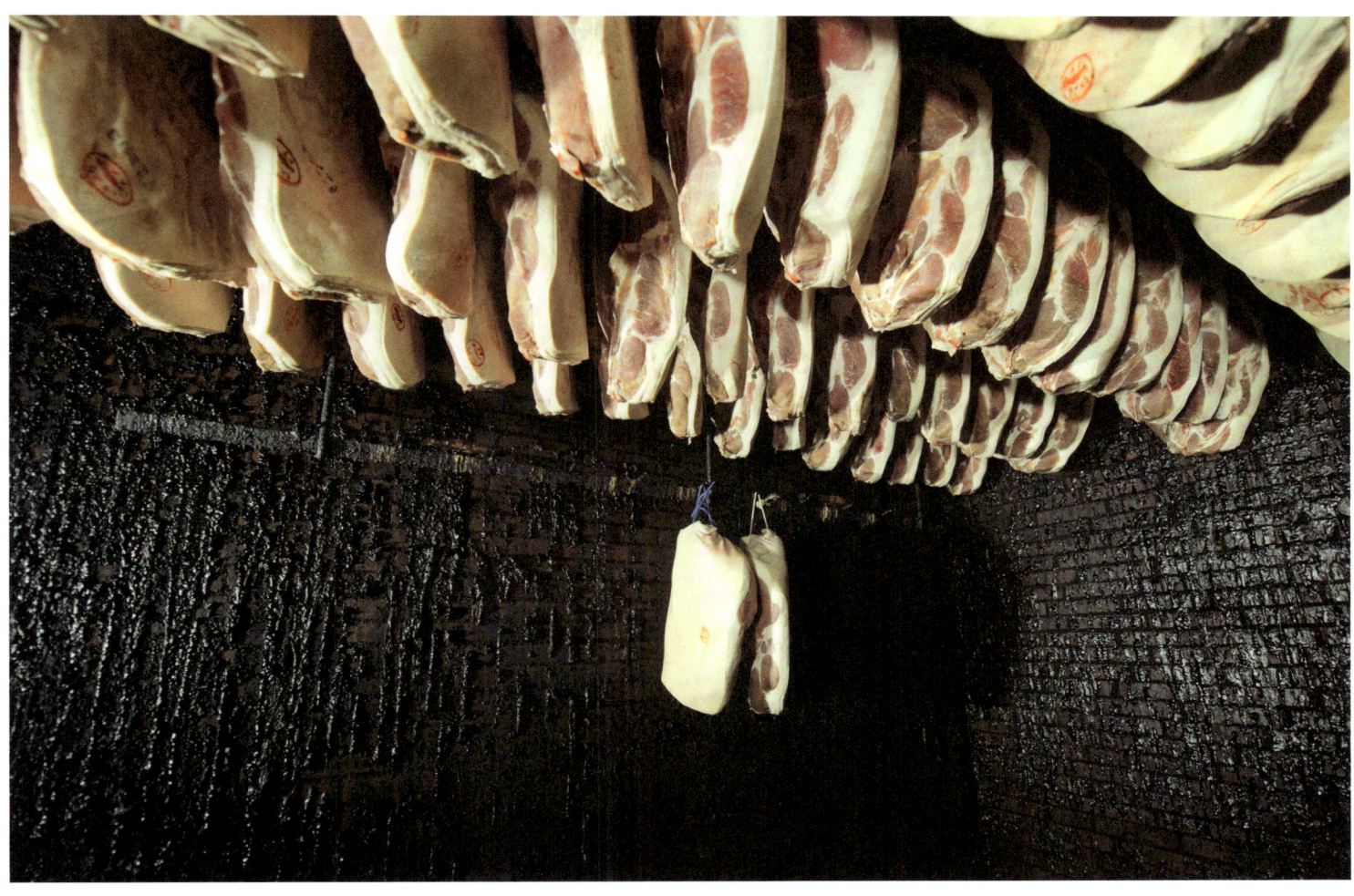

Schinken Basedahl, Hollenstedt

Sammy, Lübberstedt

Apfelbaum, Rosenweide

Bienenzaun, Töps

Mühlenmuseum, Moisburg

Erntehelfer, Brackel

Gewächshaus, Stöckte

Kürbisse, Rade

Feld, Brackel

Heidschnucken, Undeloh

DER LANDKREIS IN ZAHLEN IV

Gastronomie und Landwirtschaft

Landwirtschaftliche Nutzfläche im Landkreis Harburg, in Hektar: **etwa 54.000**

Natur- und Landschaftsschutzgebiete im Landkreis, in Hektar: **38.713**

Anteil der Natur- und Landschaftsschutzgebiete an der Landkreisfläche, in Prozent: **31,1**

Landfrauen im Kreisverband Harburg und Besucher ihrer Vorträge: **5.700 und 9.620**

Landwirtschaftliche Betriebe im Landkreis: **939**

Davon Betriebe mit Viehbestand: **690**

Restaurants und Speisegaststätten im Landkreis: **592**

Würstchenbuden und Dönerläden: **71**

AUF IN DIE HEID'

CALLUNA VULGARIS

EIN SONNTAG MIT TIEREN

AUF IN DIE HEID'
MIT DEM HEIDE-SHUTTLE

*Eine Begegnung mit Heidesouvenirverkäufern, einem Kutscherehepaar
und Heidekorbflechtern in fünfter Generation in Undeloh.*

Nur 17 Grad Mitte Juli, am Himmel stehen graue Regenwolken, nur ab und an blitzt die
Sonne durch. Der Busfahrer Subasic Branko aus Kroatien steht mit laufendem Motor am
Buchholzer Bahnhof. Er ist braungebrannt, trotz des schlechten Wetters, trägt weißes
Hemd, die Ärmel hochgekrempelt. Branko fährt heute den Ring drei des Heide-Shuttle,
eine malerische Tour von Buchholz über Undeloh, Wesel und Holm-Seppensen zurück
zum Buchholzer Bahnhof. Branko ist 47 Jahre alt, Familienvater und eine gesellige Froh-
natur, er kann die Strecke im Schlaf aufsagen, zwei Stunden dauert sie. Manchmal kann es
da verdammt langweilig werden, dann, wenn niemand zum Klönen dabei ist. Branko spielt
mit seinem iPhone herum, während zwei Sechsjährige mit ihrer Mutter einsteigen. Sie

tragen Rucksäcke auf ihrem Rücken und wollen zum Wildpark Nindorf, der liegt auf der Strecke. Sie sind aufgeregt.

Pünktlich um 12:48 Uhr setzt Branko den Blinker, für ihn ist es seine zweite Tour im Heide-Shuttle-Bus mit der Wagennummer »WL-KV 535«. Morgens hatte er bereits 16 Fahrräder an Bord. Branko weiß das so genau, weil er auf einem Plan akribisch die Zahl der Reisenden eintragen muss. »Eine ruhige Tour«, sagt Branko, während er mit 70 km/h die schnurgerade Landstraße entlangrumpelt. Ein Mäusebussard kreist über dem Feld, ein freilaufendes Huhn spaziert am Ortsausgang von Lüllau am Straßenrand entlang, in Hanstedt an der Kirche wird es dann um 13:12 Uhr erstmals voll, Branko lädt Fahrräder auf den Anhänger nach hinten.

Fünf Jahre fährt er »außerhalb«, wie er es nennt, seit 16 Jahren steuert er im Hauptberuf Busse und kennt den Stress bei Stadttouren. »Hier sind die Menschen freundlich, nie fragt jemand, warum wir zwei Minuten später dran sind, die lieben den Heide-Shuttle einfach.« Es geht durch Garlstorf, der Bus rumpelt und rattert, dann Salzhausen-Bahnhof – »das habe ich erst gar nicht als Bahnhof erkannt«, lacht Branko. Er wohnt in Harburg, würde freiwillig aber nie draußen wohnen, »viel zu ruhig«. Es wird romantisch, überall an der Straße wird mit Hausmacherspezialitäten geworben, die Heidekartoffeln Belana und Leyla werden verkauft, die Landgasthöfe sind voll, stellen ihre Schilder für die Mittagsgäste raus. Die St. Stephanus-Kirche in Egestorf mag Branko. Sie stammt aus dem Jahr 1645 und an diesem Ort predigte der berühmte Heidepastor Wilhelm Bode. Branko lädt ein Fahrrad hinten auf. Eine Gruppe Fahrradfahrer, die er morgens im Bus mitgenommen hat, winkt ihm vom Straßenrand gegenüber zu, so was passiert oft. In Egestorf stehen historische Laternen um die Kirche und ein steinernes Bild von Heidepastor Bode. »Doch am schönsten ist Undeloh mit all den Kutschen«, kommentiert Branko die Idylle. Dienstag fährt er die Tour mit dem Heide-Shuttle erneut, sagt er. Noch drei Kilometer bis ins Heide-örtchen Undeloh, das zur Saison von unzähligen Touristenbussen angesteuert wird. Rechts und links gehen Wanderwege in die Natur, Pferdeäpfel auf der Straße zeigen uns, dass wir richtig sind.

14 Uhr, Ankunft in Undeloh und Abschied von Branko. Er bedauert, dass seine Gesprächspartnerin schon gehen muss. Nach einer Stunde und zehn Minuten im Heide-Bus ist man durchgeschüttelt. In Undeloh sind es von der Haltestelle nur ein paar Schritte bis zur Landbäckerei »Zum Heidjer«, die gelbbraungestreifte Markise ist ausgefahren, auf der Terrasse wird kräftiger Bohnenkaffee getrunken. Ein Schild wirbt für frischen Landbutterkuchen. Wer 1,50 Euro über den Porzellanzahlteller mit lila Heideblütemotiv schiebt, bekommt ein Stück Landbutterkuchen mit zuckriger Kruste. In der Vitrine stehen Sahnetorten, die Kaffeekännchen für die Terrasse und den Innenraum kommen wie die Lampen über dem Verkaufstresen aus den siebziger Jahren.

Der Himmel über dem Heidedorf ist immer noch bewölkt, trotzdem starten klackernd die Kutschen Richtung Heide. »Noch sind wir Mitte Juli in der Vorsaison«, erklärt Kutscher Heiko Röhrs. Er wartet vor dem Undeloher Hof mit seinen braunen Pferden Klaus und Darius. Ihm ist ein wenig langweilig, nicht so viel los heute, wegen des Wetters. Röhrs trägt eine gefütterte Weste, zieht tief an seiner Zigarette. Wenn sie im Trab über die Straße rumpeln, biegen Klaus und Darius, seine beiden erfahrenen Kutschpferde, rassig die Hälse. Seit 22 Jahren ist Röhrs Heidekutscher im Nebenberuf, begann mit fünfzehn Jahren Touristen durch die Heide zu kutschieren. Zum Glück ist ihm noch nie ein Pferd auf Heidetour durchgegangen, meint er. Wenn es in der Vorsaison zweimal am Tag in die Heide rausgeht, sagt er, sei das gut, zum Kondition aufbauen.

100 Pferde stehen im Ort, 50 Gespanne, die in der Saison um Touristen konkurrieren. In der Saison wird »Linie« gefahren. Von Undeloh nach Wilsede mit der großen Kutsche. In Wilsede mit den niedlichen Bauernhäusern warten dann das Heidemuseum »Dat ole Huus«, in zwei Kilometer Entfernung die mystische Tallandschaft des Totengrundes, der am schönsten im Nebel sei, und natürlich der Wilseder Berg, mit 169 Metern die höchste Erhebung Norddeutschlands. Nur Heidekutschen wie die von Heiko Röhrs dürfen nach Wilsede, keine Autos.

Direkt am Ortseingang von Undeloh wartet auch »Heitmanns Hökerladen« auf Gäste. Inhaberin Susanne Meyer, dunkle mittellange Haare, im weißen T-Shirt und Jeans, steht in der Küche und backt Butterkuchen für das Dorffest, das heute in Undeloh gefeiert wird. Der Duft dringt bis in den Laden vor. Trotzdem lässt sie es sich nicht nehmen, im Laden ganz verkaufstüchtig ihre Kassenschlager zu zeigen. Sie stehen im Schnapsregal: Der »gute Heidegeist« kommt in einer grünen Flasche und mit 50 Prozent daher, der »Hermann Löns Heidekorn« bringt es auf 32 Prozent in einer kleineren Flasche und ist nach dem Heidedichter benannt, der so schöne Worte für die Heide fand. Gerne werde auch zum »Schlehengeist« gegriffen. Seit 1956 gibt es das Geschäft in der Wilseder Straße, vor zehn Jahren hat Meyer es übernommen und weiß, was ihre Touristen suchen: »Alles um den Heidehonig, Honigbonbons, Honigseife«. Gut laufen auch Schnuckenfelle, die schön puschelig sind. Nicht selten trifft Meyer auf Touristen aus Japan, die einfach alles fotografieren, oder Besucher aus den Niederlanden. Sie muss dann Englisch sprechen. Der Ort mit 974 Einwohnern lebt vom Tourismus. »Manchmal ist es hier wie auf der Mönckebergstraße«, sagt Meyer, und dann, »ach, schreiben Sie das lieber nicht.« Meyer empfiehlt noch die Cocktails abends beim Dorffest, das Weihnachtsfest am ersten Adventssonntag um den schönen Dorfteich, dann muss sie sich wieder um ihren Kuchen im Backofen kümmern.

Ihr Nachbar Hans Joachim Bundszus sitzt mit einem Käppi auf den grauen Haaren in einem kleinen Holzhäuschen, von dem aus er auf die Straße schauen kann. Er mustert die Touristen durch seine silberne Brille. Von der Decke seines Verschlages baumeln getrocknetes Schleierkraut und Trockenblumen, auch Sternchenblumen, die sie im eigenen Garten nebenan ziehen. Haarspray zum Fixieren der Kreationen steht herum. Bundszus ist 78 Jahre alt und seine Familie lebt seit 80 Jahren davon, Heidekörbchen, Kränze und Gestecke mit Heidekraut zu verkaufen. Die Trockenblumen an der Decke braucht er zum Dekorieren der Heidekörbchen, auch Heidehotels kaufen seine Kreationen. Im Kassettenrekorder läuft ein Schlager von Nana Mouskouri. Manchmal hört Bundszus auch die Capri-Fischer oder »Schneeweißchen und Rosenrot« auf alten Märchenkassetten von Europa. Er hat auch das Zentrale Orchester der Armee Weissrusslands im Angebot. Bundszus mag Norwegen, ein wunderbares Land, findet er, dort war er schon zehnmal und kann sich dort erholen. Bundszus kennt sich aber auch mit der Heide aus, erst blüht die Glockenheide, dann die prächtige lila »Calluna«, erklärt er, nach dem 10. August geht es für ihn und seine Familie richtig los.

Sie schneiden die Heide dann, tief drinnen an den einschlägigen Stellen mit der Hand, sie riecht würzig, piekst manchmal und oft staubt es, weil die Heide so trocken ist. Frühmorgens ziehen sie los. »Die Hände riechen jedes Mal nach Honig«, sagt Bundszus und grübelt, wie er den eigenartigen Geruch der Heide beschreiben soll. Seine Frau ist derweil auf dem Dorffest und verkauft Kartoffeln mit Quark. Jetzt, im Sommer, verkauft Bundszus auch Heidehonig seines Imkers aus Gödenstorf. Er holt einen Löffel und lässt probieren. Würzig und süß schmeckt der Honig aus der Heide. Bundszus ist zu einem Plausch aufgelegt und erzählt, dass der idyllische Dorfteich, auf den er von seiner eigenen Terrasse beim Feierabendbier blickt, früher die Tränke für die Kühe war. Heute ist es ein Feuerlöschteich. Bundszus ist seit 55 Jahren Mitglied in der Feuerwehr von Undeloh, seit 53 Jahren ist er im Schützenverein. Er kam 1945 über Berlin nach Undeloh als Kriegsflüchtling aus Ostpreußen. Er erinnert sich, wie 1974 die Heide brannte und er mehrere Tage beim Löschen mithalf. Es war Brandstiftung.

Kurz auf der Bank vor seinem Haus mit Blick auf den Dorfteich ausgeruht, im Hintergrund weiden Pferde, dann geht es vorbei an einem Stand, der würzige Heidepeitschen, Hirschmettwurst und Heidschnuckenpastete für die Touristen anbietet. Im »Heide-Erlebnis-Zentrum«, das der Verein Naturschutzpark unterhält, ein paar Schritte weiter, geht es wiederum überraschend mediterran zu: Auf der Sonnen-Terrasse gibt es Nudeln mit Basilikumpesto für sieben Euro. Das Zentrum ist erlebnisorientiert, interaktive Bildschirme fordern den Besucher auf, sie zu berühren. Filme über die Heide laufen. Sie erzählen vom »Plaggen«, der mechanischen Landschaftspflege. Die moderne Landschaftspflege der Heide, so lernt der Besucher, setzt sich aus einem Mix zusammen: Ein Teil sind mechanische Verfahren wie Mähen, Schoppern, Plaggen und kontrolliertes Brennen. Den größten Teil aber macht die Beweidung durch die graugehörnte Heidschnucke aus. Ohne die Eingriffe, so erfährt man, würden die Heideflächen innerhalb weniger Jahre verschwinden. Die maschinelle Heidepflege findet zwischen September und März statt, danach ist Brut- und Setzzeit und die Natur braucht Ruhe. Oben im Zentrum wartet eine Informationstafel mit bedenklichen Zahlen auf, der größte Feind der Heide sei der Stickstoffeintrag, jedes Jahr würden 22 Kilogramm Stickstoff durch Luft und Regen auf einem Hektar Heide eingetragen. Vor der Industrialisierung lag der Wert bei vier Kilogramm.

Von den Terrassen der Heidegasthöfe duftet es derweil verführerisch nach Bratkartoffeln, am Straßenimbiss gibt es einen Pott Kaffee und ein Stück Buchweizenkuchen für 4 Euro 60, beliebt ist auch die Heidschnuckenbratwurst auf die Hand, die letzten Kutschen brechen mit Gästen zum Sonnenuntergang in die Heide auf. Fahrradfahrer und Spaziergänger freuen sich, dass die Wanderwege noch leer sind, sie haben die Heide noch ein bisschen für sich. Heiko Röhrs plaudert inzwischen mit seiner Frau Mandy, die auch Kutscherin ist. Sie wollen heimwärts mit ihren Kutschpferden, es ist Samstag, sie sind später noch eingeladen. Die Touristen kommen, wenn es wärmer wird, ja sowieso. Heiko und Mandy lenken ihre Gespanne hintereinander vom Undeloher Hof, winken zum Abschied und freuen sich auf den Feierabend.

Abendstimmung legt sich über Undeloh. Gespanne trappeln auf die Höfe, die Kutscher stehen beisammen, spannen ihre Pferde ab und unterhalten sich über die heutigen Gäste. Übernachtungsgäste flanieren frischgemacht mit ihren Teenagerkindern über die Dorfstraße und überlegen, wo sie abends einkehren sollen. In den Küchen der Gasthöfe wird der Herd angeworfen, Schnuckenbraten und Spezialitäten aus der Region kommen auf den Tisch. Die Haltestelle des Heide-Shuttles füllt sich mit Fahrradfahrern. Um 18:06 Uhr fährt samstags das letzte Mal der Ring drei, den will keiner verpassen. Plötzlich rollt ein kleines Straßenreinigungsauto über die Straße, vorne wirbelt es die Pferdeäpfel mit winzigen Bürsten auf, fährt es drüber, saugt es den Mist wie mit dem Staubsauger ein. Die Straße ist wieder blitzblank, denn um die Pferdeäpfel, das hatte der Heidekorbflechter Hans Joachim Bundszus erzählt, gab es in der Vergangenheit viel Streit.

Der Heide-Shuttle kommt. Über Wesel und Holm-Seppensen geht es zurück. Subasic Branko hat schon Feierabend, sein nicht minder munterer Kollege steuert jetzt den Bus. Die schönen Heideflächen rauschen am Fenster vorbei, auch Wacholderbüsche und einzelne Birken stehen in der Landschaft, die weit ist und zum Träumen einlädt. Die Gäste erzählen im Bus von ihren Erlebnissen, der Busfahrer verteilt »Nimm Zwei-Bonbons« an ein Kind im Bus, lädt ein paar Fahrräder auf und wieder aus. Die Buchholzer Mühle huscht am Fenster vorbei, der Heideort Sprötze liegt verträumt da, schon ist der Buchholzer ZOB in Sicht und der Ausflug in die Heide vorbei. Die Gemeinschaft aus dem Bus rafft ihre Souvenirs zusammen, Heideschnaps, Heidekartoffeln und Heidehonig, und verliert sich in alle Richtungen. Der Heide-Shuttle-Fahrer schaut ihnen eine Weile nach, eigentlich kein schlechter Job, denkt er, dann macht er Feierabend.

CALLUNA VULGARIS

Heidedichtung, Totengrund und knorrige Heidjer

Wer im August vor der lila Heideblüte steht und sein Gefühl zu einem Gesamtkunstwerk runden möchte, könnte zu einem Buch des Heidedichters Hermann Löns greifen. Allerdings sollte er mitten in der Heide sitzen, umgeben von würzigem Wacholder und blühendem Heidekraut sein. Löns raunte vom »Heidhunger«, der ihn packt, bei ihm ist die Kreuzotter auf der Mauspirsch, der Birkhahn auf der Balz und der Heidschnuckenschäfer steht bei seiner Herde. Löns´ Heideromane personalisieren die Natur, Heidebäche gurgeln, mystische Moore und schattige Wälder beginnen darin zu leben und auch für die Eigenarten der verschlossenen und knorrigen Heidjer findet er Worte. Theodor Storm wiederum entdeckte die Stille der Heide als Gegenentwurf zur Massenindustrialisierung im 19. Jahrhundert. Er schrieb in seinem Heidegedicht »Abseits« schon 1853:

Es ist so still; die Heide liegt
Im warmen Mittagssonnenstrahle,
Ein rosenroter Schimmer fliegt
Um ihre alten Gräbermale;
Die Kräuter blühn; der Heideduft
Steigt in die blaue Sommerluft.

Er schließt: »Kein Klang der aufgeregten Zeit / Drang noch in diese Einsamkeit.« Die mystischen Zeilen verfehlten ihre Wirkung nicht, Besucher, auch Künstler, zog es in die Heide und die Heide kam Anfang des zwanzigsten Jahrhunderts in Mode, ein Vorbeben der Reformbewegungen mit ihrem Streben nach einem verlorenen Naturzustand. Löns aber grämte sich schnell ob der Geister, die er gerufen hatte, er entwickelte ein Gefühl für das Schützenswerte und Bedrohte der Heidelandschaft.

Die Geschichte der Heide ist indes älter. Eiszeiten haben ihre Oberflächenstruktur geformt, Wälder dehnten sich auf ihrem heutigen Gebiet aus. Der Mensch, der in der

Jungsteinzeit sesshaft wurde, veränderte das Gesicht der Landschaft, er drängte die Wälder durch Rodungen und Beweidungen zurück und schuf damit günstige Bedingungen für das Entstehen der Heide, die auf trockenem und sandigem Boden gut wächst. Ab der mittelalterlichen Heidebauernwirtschaft, ungefähr ab dem Jahr 1000, wurde dann »geplaggt«, dabei wurde mit Hacken die obere Pflanzendecke der Böden abgetragen, was zur Ausbreitung der Heide führte und die Böden schön nährstoffarm hielt. Durch die Plaggenhiebe entstand unterhalb der Bodenschicht eine verhärtete Schicht, die undurchlässige »Ortserde«, die sich vom Säureeintrag in den Boden abschottet und die typisch weißen Heideböden hervorbringt. Heute wird diese Pflege maschinell erledigt und ist ein wichtiger Bestandteil für den Erhalt der Heide. Die Heidebauernwirtschaft erreichte Mitte des 18. Jahrhunderts einen Höhepunkt und endete mit dem 19. Jahrhundert, als viele Bauern ihr Land verkauften und die Heide durch Aufforstungen, vor allem mit Kiefern, wieder erheblich zurückgedrängt wurde.

Das Beste, was der verbleibenden Heide allerdings passieren konnte, war ihre Erklärung zum Naturschutzgebiet im Jahr 1921. Wie der Heideschriftsteller Hermann Löns sorgte sich auch Heidepastor Wilhelm Bode um die Zukunft der Heide. Am 15. August 1886, zur Zeit der Heideblüte, zog er in Egestorf als Pfarrer ein. Es wurde eine folgenschwere Begegnung mit den Schönheiten dieser ruhigen und kargen Heidelandschaft. Nach mühseligen und zähen Verhandlungen gelang es Bode, 1906 den Totengrund nahe Wilsede zu kaufen. Er hatte von Plänen erfahren, nach denen der Totengrund mit Wohnhäusern für das Wochenende bebaut werden sollte. Als nächster Streich folgte der Kauf des mit 169 Metern höchsten Berges Norddeutschlands, des Wilseder Bergs, den Bode gemeinsam mit dem 1909 gegründeten »Verein Naturschutzpark« im Jahr 1910 erwarb. Er legte damit den Grundstock für den heutigen Verein Naturschutzpark Lüneburger Heide, der sich um die Pflege der Heideflächen kümmert, indem er unter anderem seine Schnuckenherden an den Heidepflanzen naschen lässt (das Wort »Schnucke« stammt übrigens aus dem Niederdeutschen von »snickern«, zu Deutsch »naschen«). Auf den Äckern des Vereins wird heute die historische Heidebauernwirtschaft nachgeahmt und alte Kultursorten wie Buchweizen und Champagnerroggen angebaut. Würde der Mensch keine mechanische und maschinelle Pflege der Heide betreiben, so würde auf den Heideflächen innerhalb weniger Jahre der Lüneburger Wald entstehen, mit Kiefern und Birken. So aber bildet der Naturpark Lüneburger Heide mit einer Ausdehnung von über 107.000 Hektar die größten zusammenhängenden Heideflächen Nordeuropas und ist eine vom Menschen gestaltete Kulturlandschaft, ein durch den Menschen veränderter Naturraum.

»Calluna Vulgaris«, auch Besenheide genannt, prägt diese Landschaft, sie ist ein immergrüner Zwergstrauch, der bis zu 40 Jahre alt werden kann. Ihr Gattungsname leitet sich vom griechischen Wort kallyno ab für »ich reinige, ich fege«. Die Besenheide soll diesen

Namen bekommen haben, weil ihre Zweige von jeher auch zur Anfertigung von Reisigbesen verwendet wurden. Die Besenheide ist allerdings auch als Bienenweide eine wichtige »Nutzpflanze«, ihr Nektar enthält 24 Prozent Zucker, jede einzelne Blüte produziert im Schnitt am Tag 0,12 Milligramm Zucker. Der aus ihrem Nektar produzierte Heidehonig ist wegen seines würzigen Geschmacks eine regionale Delikatesse. Die typische Heideimkerei wurde früher als Korbimkerei betrieben und der typische Bienenkorb war der »Lüneburger Stülper«. Heute sind diese Originale selten, die Bienen geben aber immer noch fleißig den würzigen Heidehonig ab. Als besondere Spezialität gilt dabei der Scheibenhonig, eine mit Heidehonig gefüllte Bienenwabe.

Darüber, warum der oft neblige Totengrund, ein Talkessel, der zur Heideblüte einen spektakulären Blick über ein sanft hügeliges Heidemeer bietet, nun Totengrund heißt, streiten sich die Geister. Spukt es? Eine Legende besagt, dass die Verstorbenen früher mit der Kutsche durch den Totengrund gefahren wurden und dass sich ihre Seelen als Geister immer noch dort aufhalten sollen. Andere Überlieferungen erzählen von einem Meteoriteneinschlag, der alles Leben tötete und die Talkessellandschaft des Totengrundes hinterlassen haben soll.

Etwas nüchterner mutet die Erklärung an, nach der im Totengrund wie überall in der Heide extrem nährstoffarmer Boden herrsche und die Heidjer das eben in ihrer pragmatischen Art »toter Grund« nannten, auf dem nur Wacholder und Heide wuchs, nichts, was sie als Bauern ernähren könnte.

In der Heide haben abgesehen von der Legendenbildung um den Totengrund viele Sagen und Märchen überlebt, die von Trollen, Hexen und Riesensteinen erzählen. Wer einen alten Heidjer trifft, sollte ihn zur Buchweizentorte oder zum Heidekorn einladen und das Gespräch nach einigen Stunden unauffällig darauf lenken. Der Einladende wird sicher zu staunen anfangen, denn Fantasie hatten die knorrigen Heidjer aus der kargen und doch so mystischen Landschaft schon immer.

EIN SONNTAG MIT TIEREN

Besuche im Tierpark ziehen Familien magisch an.
Spezielle Führungen für Kinder zeigen die Natur mit neuem Blick.

Sonja Oßenbrügge hat ein Problem. Sie will demonstrieren, wie der europäische Luchs seine Beute verputzt, und nun haben sich die rohen, roten Rindfleischbrocken, die über den Zaun in sein Gehege fliegen sollten, auf den Spitzen des Sicherheitszaunes aufgespießt. Ausgerechnet ganz oben. »Kletter hoch«, schlägt ein sechsjähriger Junge vor und lacht dreckig über seinen Vorschlag. Er besucht die Fütterungsführung von Sonja Oßenbrügge. Auf seinem gelben T-Shirt prangt »Champion« auf der Brust, und er will jetzt was geboten bekommen.

Die beiden Luchse Jane und Tarzan sind auch unzufrieden mit der Situation, sie starren hinter dem Zaun mit ihren Pinselohren gierig nach oben, ihre Pfoten krallen sich dicht vor dem Zaun in den Boden, aber springen ist Fehlanzeige. Sonja Oßenbrügge greift in den Plastikeimer mit dem Aufkleber ihres Arbeitgebers, »Natur-Erlebnis-Zentrum« steht da, und wirft einen neuen Fleischlappen rüber, zum Glück, jetzt klappt es. Sie ist eine von zwei festangestellten Mitarbeiterinnen im Natur-Erlebnis-Zentrum des Wildparks Schwarze Berge, beinahe jeden Tag redet sie mit Kindern ab fünf Jahren über das, was sie am liebsten mag: über Tiere.

Heute hat Oßenbrügge das Headset bei der Führung weggelassen. Sie wäre damit zwar besser und lauter zu hören, doch das verschreckt stets die Zuhörenden und macht die Atmosphäre bei der Führung kaputt. Keiner traut sich dann noch was zu fragen. Und fragen sollen sie ja, findet die Umweltpädagogin. Heute ist die Gruppe mit Eltern und Kindern in Plauderstimmung. »Frag doch mal, wer bei den Luchsen das Sagen hat«, regt ein Vater seinen Sohn Jonas an. Doch Jonas will nicht fragen und die Mutter zischt böse: »Lass ihn doch, Schatz.« Sonja Oßenbrügge ist im Grunde jede Frage über ihre Tiere willkommen. Nachdem geklärt ist, warum Luchse so fantastisch schleichen (die behaarten Füße wirken wie zehn Paar Socken), sind die Wölfe an der Reihe.

»Muss man vor ihnen Angst haben?«, lautet die Frage vor dem Gehege. Murmeln, Tuscheln. Sonja Oßenbrügge gibt die Antwort: »Nein, das sind gaaaanz, gaaaaanz große

Angsthasen. Würden wir reingehen, würden wir plötzlich keinen Wolf mehr sehen.« Aha, die Kinder schauen andächtig auf die Tiere hinter dem Zaun, auf dem ein Schild mit dem lateinischen Titel »Canis Lupus« steht. Und dann wieder auf Sonja Oßenbrügge. Sonja Oßenbrügge zaubert einen Wolfsschädel aus einem Jutesack.

»Aaah, oooh, ist der echt?«

»Klar, ist der echt.«

»Wo könnten denn da die Reißzähne sein?«

Ein Mädchen mit geflochtenen Zöpfen wedelt mit der Hand, sie weiß es. »Richtig«, lobt Oßenbrügge. Loben ist wichtig.

Oßenbrügge erzählt von dem Wolfsrudel, während die Wölfe Sally, Freya, Donner, Artus und Sylvana jede ihrer Bewegungen hinter dem Zaun mit Wolfsaugen beobachten. Auch sie wissen, dass es gleich Fressen gibt. Die Führung läuft schließlich nicht zum ersten Mal im Wildpark. Die Kinder drängeln sich in der erste Reihe, ein Junge hakt auf einem Reißbrett Quizfragen ab, ein anderer fotografiert die Wölfe mit seinem Handy.

Die Eltern stehen im Schatten unter den alten knorrigen Bäumen, es ist schwül, fast gewittrig, sie saugen an grünlichen Limonaden und freuen sich, dass ihre Kinder eine Zeit beschäftigt sind. »Hat denn noch jemand Fragen zum Wolf?« ermuntert Oßenbrügge. Sie entlässt ihre Gruppe mit einem Tipp in den Park: Unbedingt die Flugshow mit Weißkopfseeadler, Wüstenbussard und einem winzigen Buntfalken bei der Talschlucht angucken, und heute gibt es den Tag der Biene und des Igels, mit einem »gaaannz, gaaaanz lieben Igel«.

Dass Svenja Oßenbrügge, 31, studierte Umweltwissenschaftlerin, fröhlich-bodenständiger Typ mit sympathisch-unterhaltsamer Stimme, ihre Sonntage im Wildpark verbringt, ist nicht ungewöhnlich. Beim Spaziergang über das Gelände erzählt sie, worum es den Mitarbeitern des Tier-Erlebnis-Zentrums im Wildpark Schwarze Berge geht: »Wenn Kinder einen Bezug zur Natur bekommen, sind wir froh. Denn das, was ich kenne, will ich später auch schützen, so kalkulieren wir.«

Oßenbrügge hat nicht nur diese Mission, auch der tägliche Kontakt zu den Tieren macht ihren Beruf für sie, erzählt sie beim Spaziergang durch den Park, zu einem der schönsten der Welt. Sie bleibt stehen, um nach der hochschwangeren Eselin Fee zu sehen. Die döst im Schatten, heute soll noch mal ein Tierarzt nach ihr sehen. Dann geht es zu Oßenbrügges absoluten Lieblingen, der Frettchenfamilie. Die Mitglieder heißen Frispie, Franzi, Friemel und Fridolin.

Die Frettchen besitzen kleine Geschirre, in denen sie mit ihrer Pflegerin Sonja Oßenbrügge liebend gerne auf den Wegen des Wildparks spazieren gehen, sie flanieren richtiggehend. Selbstverständlich nur dann, wenn es ruhig ist. »Für sie ist das dann wie Zeitunglesen, sie bleiben überall stehen und riechen.«

Die Frettchen mit dem perfekten Geruchssinn haben es sich gemütlich gemacht: Franzi, die älteste, baumelt in ihrer kleinen Hängematte im Gehege, sie döst. Friemel und Frispie flitzen mit ihren langen schlanken Körpern durch zwei Rohre im Käfig. Oßenbrügge zeigt noch die geselligen Zwergotter Lise und Lotte mit den samtigen Pfötchen und warnt: »Aber nicht den Finger reinstecken.«

Oßenbrügge ist neu im Wildpark Schwarze Berge. Vorher arbeitete sie im Wildpark Lüneburger Heide und erlebte dort, wie die Tiere durch eine Tierdokusoap im NDR zu Stars wurden. Und so lebendig es mit den Kindern in ihrem Job immer ist, Oßenbrügge mag besonders den Tierpark, wenn er nachts im Mondschein mit seinen 1.000 Tierarten wieder ein Stück Wildnis wird, fremd für den Menschen.

35 Kilometer weiter südlich liegt der Wildpark Lüneburger Heide. Seine Bewohner wurden Medienstars, die NDR-Tierdokusoap »Wolf, Bär & Co.« bescherte dem Tierpark einen wahren Ansturm an Besuchern, die sich gezielt nach einzelnen Tieren erkundigten, die ihnen im Fernsehen besonders gut gefallen hatten. Sie sahen die Folge, in der es Nachwuchs bei den Schneeleoparden gab, oder verfolgten, wie der Poitouesel Pierre zum Frisör oder Braunbär Willy wiederum auf Diät musste. Auch in Nindorf gibt es eine Zooschule, die Wissen über Tiere vermittelt, und auch Pläne für ein Schäferdorf, in dem die Besucher mitten in der Heide übernachten können sollen, um den Park bei Nacht zu spüren, so wie es zum Beispiel Sonja Oßenbrügge am liebsten mag.

Während die Besucher über seltene Tierarten staunen und die Aktionsangebote annehmen, ist es spannend, einen Einblick hinter die Kulissen des Wildparks Lüneburger Heide zu bekommen. Täglich werden bis zu 2.000 Liter frisches Wasser ausgeschenkt, ungefähr 100 Kilo Fleisch verteilt, 12 bis 24 Kilo altes Brot vom Bäcker für die Bären ins Gehege geworfen und unzählige Portionen Liebe ausgeschenkt, damit die Maschinerie Wildpark reibungslos funktioniert. Und weil der Wildpark so gut im Protokollieren ist, lässt sich auch erfahren, dass die Girgentaner Ziegen, ursprünglich aus der italienischen Provinz Agrigento aus Sizilien stammend, bei den Geburten im protokolierten Jahr mit 32 Geburten vorn lagen. Allerdings sind eigentlich alle Tierbabys niedlich, vom Mufflon bis zum Nasenbär kommen sie im Tierpark zur Welt und werden zigfach fotografiert. Für die Besucher ist das nicht nur sonntags ein Erlebnis, der Heide-Shuttle hält auch noch kostenlos vor der Parktür. Einfacher geht es nicht, ein Besuch bei den Tieren, 140 Tierarten sind es.

Calluna Vulgaris, Döhle

Schafstall, Weseler Heide

Heidekutscher, Undeloh

Heide, Undeloh

Heideblütenfest, Holm-Seppensen

Trachten- und Volkstanzkreis, Luhmühlen

Kiefernwald, Döhle

Heide, Radenbachtal

Jäger, Garlstorf

Alte Salzstraße, Undeloh

DER LANDKREIS IN ZAHLEN V

Tourismus

Tagestouristen und Übernachtungsgäste im Landkreis, pro Jahr: **rund 6.205.000**

Übernachtungsgäste 2011: **674.559**

Touristisches Bettenangebot : **7.638**

Gesamtumsatz durch Besucher, in Euro: **198.545.642**

Heidschnuckenlämmer des Vereins Naturschutzpark im Landkreis: **rund 400**

Menschen, die von Vollzeiteinnahmen aus dem Tourismus leben: **über 5.000**

Fahrgäste des Heide-Shuttle 2011: **42.713**

Mitgenommene Fahrräder im Heide-Shuttle: **10.285**

VI

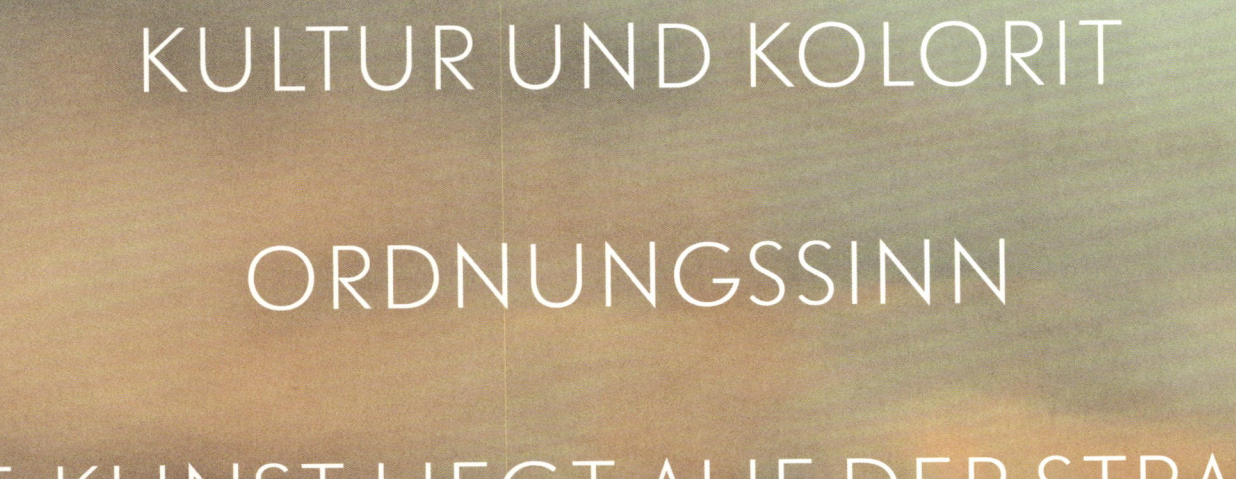

KULTUR UND KOLORIT

ORDNUNGSSINN

DIE KUNST LIEGT AUF DER STRASSE

RAUS AUS DEM LANDKREIS

KULTUR UND KOLORIT

Initiativen für Kunstbegeisterte im Landkreis

Morgens schweben die Nebel, in der Dämmerung wird es mystisch. Jede Jahreszeit inszeniert den Tempel der Kunststätte Bossard anders. Mal leuchten die expressionistischen
Glasfenster düster und unheimlich, dann wirken sie, als würde ein Kind lustvoll in seinen
Tuschkasten greifen und alle Farben in Farbmagie explodieren lassen, sogar eine Modestre-
cke wurde vor den Allegorien, Heldengeschichten und Zahlenrätseln auf den verwegen
bemalten Wänden mit Referenzen an Nietzsche, Schopenhauer, Dante und Heraklit schon
fotografiert.

Kein Kulturgut steht so sehr für den Landkreis Harburg wie die Kunststätte Bossard.
Im Wald bei Jesteburg liegt sie und vor etwas mehr als 100 Jahren entdeckte Johann
Michael Bossard das Heidegrundstück auf einer Wanderung zu einem Mäzen. Wacholder
wuchs darauf, Brombeersträucher rankten und 30.000 Quadratmeter war es groß. In
Bossard, einem eremitisch veranlagten Kunstprofessor für Plastik, der die Verpflichtungen
des gesellschaftlichen Parketts in Hamburg scheute, reifte der Plan, hier ein die Kunst-
gattungen umspannendes Gesamtkunstwerk zu verwirklichen. Kunst sollte etwas Höheres
werden, Kunst und Religion sollten sich berühren, den Menschen mit Sinn in
einer sinnleeren Zeit affizieren.

Bossard: Eine Welt des Sehens in der Heide

Hier in der Heide, wo sich niemand um seine Einäugigkeit kümmerte, eine Scharlacher-
krankung hatte Bossard mit elf Jahren ein Auge genommen, schuf er eine Welt des Sehens,
privat und rätselhaft, berührend, verspielt, rauschhaft, ein wenig größenwahnsinnig und
ganz Kind seiner Zeit. Der einäugige Gott Odin tauchte darin vielleicht nicht zufällig
öfter auf.

1912 begann Bossard mit Unterstützung seiner Frau Jutta, einer ehemaligen
Schülerin, Wohnhaus, Tempel und Garten bis auf die letzte Scherbe durchzugestalten.
Er soll seine Schülerin Gerüchten zufolge bei einem Besuch am Bossard gefragt haben, ob
sie seine Frau werden wolle. Eigentlich wollte Jutta Krull sich nur von ihrem Lehrer

verabschieden, um ihr Glück als Künstlerin in Paris zu versuchen. Sie soll sich eine Zahn-
bürste für den Besuch in der Heide besorgt haben und dann geblieben sein. Am Rande
einer Monolithenallee auf dem Grundstück liegen Bossard und seine Frau auf dem Heidegrundstück noch heute begraben. Zu ihrem hundertsten Geburtstag ist die Kunststätte
unter der Leitung von Gudula Mayr nicht mehr nur ein Ort für Kunstliebhaber, sondern
auch ein Ort für renommierte Forscher. Auf dem Podium sitzen Wissenschaftler wie
Professor Udo Bermbach, ein Gesamtkunstwerksforscher, um Bossard in seiner Zeit zu
verorten.

Jesteburg: Ein Dorf als Galerie

Direkt am Fuß des Bossard beschloss eines Tages das Heideörtchen Jesteburg, sich alle zwei
Jahre zu verwandeln. Selbst Kunst zu werden. An der Hauptstraße liegt ein roter Flachdach-
bau, in dem ehemaligen Bankgebäude ist das Kunsthaus Jesteburg zu Hause. Hier liegt das
logistische Zentrum der Kunstwoche Jesteburg, die den Ort alle zwei Jahre für die Kunst
Kopf stehen lässt. Schuld war ein Traum, den Karin Klesper träumte. Was wäre, wenn man
die Kunst in den Ort brächte? Die neunte Kunstwoche unter dem Themenschwerpunkt
»Energie« verwandelte Jesteburg zuletzt in ein Mekka der Kunst, alles leuchtete. Bei An-
bruch der Dunkelheit erstrahlte das Dorf in unterschiedlichem Licht. Heimathaus, Bäume
und Straßen waren dank der Lichtinstallation von Peter Vogel in wechselnde Farben ge-
taucht und selbst der Jesteburger Pastorenteich wurde mit einer schwimmenden Arbeit
künstlerisch veredelt. Karin Klesper erläutert das Konzept: »Kunst sollte ohne Hemmschwellen zu den Menschen getragen, in den öffentlichen Raum kommen.« Und dafür
fanden sich bereits Fürsprecher wie der Politiker Sigmar Gabriel als Schirmherr. Mittlerweile hat Klesper den Vorsitz abgegeben, und mit der jungen Leiterin Isa Maschewski, die
in Hamburg Mitherausgeberin des avantgardistischen Kunstmagazins »Dare« ist, einer
geborenen Jesteburgerin, darf auf spannende und kontroverse Impulse für Kunsthaus und
Kunst in Jesteburg gehofft werden. Die Kunstwoche Jesteburg wird durch ihr Team noch
einmal in anderem Gewand daherkommen.

Kunst nach draußen zu bringen ist auch ein Vorsatz, mit dem der Kunstverein Buchholz
leben kann. Hier experimentiert man mit Street Art-Künstlern wie dem Briten Boxy, der für
seine apokalyptischen Bilder mit Sprühschablonen bekannt ist. Das Motto, an dem sich
alle laut Kunstverein reiben sollen, lautet: »Most art says nothing to most people.«

Wenige Meter Luftlinie vom Kunstverein liegt in einem Wohngebiet nahe dem Bahnhof
der Kunsttempel Buchholz. Auf seiner Bühne wird dank Jürgen Schmid-Mittags und
Carsten Osts, zweier überzeugter Idealisten, ein verrücktes Programm geboten: Und bei
der »Nur so-Show« darf jeder auf die Bühne und seiner Kreativität ohne Bedenken freien
Lauf lassen.

Die Kultur im Landkreis Harburg speist sich aus Lokalkolorit, idyllischer Natur und Menschen, die etwas bewegen. Das Kunstfest Garlstorf im Heidedorf Garlstorf am Walde, das die Macher Marie-Luise Lübberstedt, Oliver von Below und Pascal Zimmer aus Garlstorf ersannen, ist bestes Beispiel dafür. In verträumte Remisen, Scheunen und Pferdeställe zog dank dieser kreativer Ideengeber moderne Kunst ein. Die drei hatten einen Traum von ihrem Dorf, den sie einfach wahrmachten. Künstler schieben sich nun einmal im Jahr durch Schuppen und Scheunen und besichtigen Ausstellungsorte. Es wird gerangelt um den besten Platz für die eigenen Bilder, Stössels Hof, Waldklause oder Meyers Hof, alles eine Frage des Durchsetzungsvermögens. Beim Forsthaus, wo von Below wohnt, gibt es traditionell eine Bühne. Beim Kunstfest mit durchwachsenem Wetter kamen im vierten Jahr an einem Wochenende schon 2.000 Besucher.

Bendestorf: Gut für einen Skandal

Das Filmmuseum Bendestorf wiederum hütet einen besonderen Schatz, Filmgeschichte! Bendestorf kann auf richtige Stars zurückblicken, Diven wie die Knef oder Marika Rökk schritten hier in teuren Seidenstrümpfen über die Straße, residierten im Gasthof »Zum Schlangenbaum«, und in der Blütezeit von Bendestorf gab es im »Heidehollywood« sogar eine Nachtbar und allerlei Komfort für die Ufa-Stars, die hier ihre Filme drehten. Heute hütet das Filmmuseum im Maakens Huus Exponate, Poster und alte Projektoren aus dieser ruhmvollen Zeit, regelmäßige Filmabende versuchen das Andenken an ein Stück Filmgeschichte wachzuhalten – gerne wird daran gedacht, dass Bendestorf auch für einen Filmgeschichtsskandal sorgte, Hildegard Knef zeigte sich hüllenlos in »Die Sünderin«, gedreht im verträumten Heideort Bendestorf.

Das Freilichtmuseum am Kiekeberg wiederum kümmert sich um ein anderes Andenken. Wie lebten die Vorfahren in der Lüneburger Heide? Professor Rolf Wiese und sein Team versuchen an diesem idyllischen Ort in 30 historischen Gebäuden Geschichte lebendig zu machen. Bauernhäuser und Stuben zeigen, wie die Vorfahren aus der Heide gelebt und gearbeitet haben. Die neuste Errungenschaft nennt sich »Agrarium«, eine Mitmachausstellung auf 3.300 Quadratmetern zu Ernährung und Landwirtschaft, heute und früher. In ihrer aufwändigen Genese hat sie viel Schweiß gekostet, aber jetzt überrascht das »Agrarium« mit Erfahrungen: Eine lebensgroße Kuh steht da, ein Modell, an dem sich das Melken üben lässt, eine Frauenstimme gibt Anweisungen, und der »Mähdreschersimulator« zeigt per Computersimulation in einer Fahrerkabine, wie sich die Ernte heute anfühlt.

Bötersheim, Undeloh, Egestorf: Magie besonderer Orte

Musikalisch setzt ein kleines Dorf im Landkreis seit Jahren Zeichen: Seit über zehn Jahren gibt es das Musikfest auf Rittergut Bötersheim. Einmal im Jahr steuern Solisten das Gut bei

Kakenstorf für ein Wochenende an, das flankierende Rahmenprogramm mobilisiert Bildhauer, Maler und Kleinkünstler, die auf der grünen Festwiese oder in der Gutsscheune einen besonderen Veranstaltungsort mit Kunst füllen. Auch der »Romantische Kreis« wiederum, der Kulturverein Hanstedt, beweist Fingerspitzengefühl für gute Orte, die Kunst irgendwie stimmungsvoller werden lassen. Im Küsterhaus Hanstedt inszeniert er vor dem Kaminfeuer regelmäßige Kulturabende.

Ähnlich schlägt die Reihe »Musik in alten Heidekirchen« aus einem atmosphärischen Mehr Gewinn: In den Heidekirchen St. Magdalenen Undeloh und St. Stephanus Egestorf spielen Musiker in der besonderen Akustik der alten Heidekirchen, und das bereits seit 38 Jahren vor einem eingeschworenen Liebhaberpublikum, das besonders Barock- und Renaissancemusik mag. Gespielt werden Bach, Händel und Geheimtipps auf historischen Instrumenten oder ihren Nachbauten.

Haben die einen eine liebevolle Ader für das Alte, so gibt es mit dem Poetry Slammer Armin Sengbusch auch Männer fürs Moderne. Sengbusch, mit Wahlheimat in Asendorf und Bühnenorten auf dem Hamburger Kiez, ersinnt dort im Wald bei Asendorf seine Verse als Poetry Slammer, mit denen er bereits Hamburger Poetry Meister wurde und es immerhin bis ins Halbfinale der Deutschen Poetry Meisterschaften schaffte. Hier in Asendorf findet er auch Inspirationen für seinen Roman, der sich mit der Psychologie zweier Auftragskiller beschäftigt.

Nicht zuletzt tragen auch die Kulturpreisträger des Landkreises einer Vielfalt von Kultur Rechnung: Sie reichen von der Band Truck Stop über den Maler Ole Ohlendorff, der sich seinen toten Rockstarköpfen und Bildern mit Winsener Erde verschrieben hat, bis hin zum Autor Heinz Strunk, der sich am Landkreis Harburg richtiggehend literarisch abgearbeitet und »gut abgeliefert« hat, wie es im Muckerjargon aus »Fleisch ist mein Gemüse« immer wieder heißt.

»OHNE ORDNUNGSSINN GEHT ES NICHT«

Was macht eigentlich ein Kreisarchivar? Ist sein Leben zwangsläufig langweilig, monoton und grau? »Nein«, sagt Dr. Martin Kleinfeld: Welt- und Landkreisgeschichte sind oft aufregend wie ein Krimi.

Ein Besuch in seinem Archiv

Die natürlichen Feinde von Dr. Martin Kleinfeld heißen Aspergillus ruber, Penicillum frequentans oder Aspergillus flavus, Schimmelpilze. Doch wenn Martin Kleinfeld sein Kreisarchiv in Winsen mit den zwei Archivkellern auf 18 Grad temperiert, haben die Schimmelpilze eigentlich keine Chance. Keine Chance, sich weiter in 12.481 Akten zu graben, die in säurefreiem grauen Karton gebettet auf 800 Rollregalmetern lagern. Über die Luftfeuchtigkeit wacht das Hygrometer. Heute sind es 49 Prozent, das ist perfekt. Martin Kleinfeld führt ein akribisches Protokoll, schließlich bergen seine Räume die Geschichte des Landkreises Harburg: Bei 62 Prozent muss entlüftet werden.

Martin Kleinfeld ist 54 Jahre alt und Kreisarchivar. Er sitzt in einem kleinen Dachgeschossbüro in der Winsener Rathausstraße, die Kaffeemaschine blubbert neben einem Fünfziger-Jahre-Radio. Morgens warten die ersten E-Mail-Anfragen von Gemeinden auf ihn. Manchmal sind es auch Erbschaftsanfragen, teils lustige Geschichten, teils tragische, in der Regel kommen sie von professionellen Erbenermittlungsbüros. Oft fragen auch Stadtverwaltungen aus dem Landkreis an, die beispielsweise einen »Gebietsänderungsvertrag« suchen. Vor Kleinfeld liegt eine orangefarbene Akte auf dem Schreibtisch, ein Aktendeckel schnürt ihre Fülle. Er lässt die Hand auf ihren Deckel sausen und sagt: »Gut, dass ich das dann habe.«

Die Zeit scheint stehengeblieben in seinem Mansardenbüro. Kleinfeld trägt dunklen Pullunder und eine gemütliche Hose, auf dem Bildschirm läuft das Programm »First-Rumos«, ein Archivprogramm, das er selbst am Freilichtmuseum am Kiekeberg einmal mitentwickelt hat. Als Volontär fing er dort 1995 an, seit 2004 leitet er das Archiv des Landkreises.

An die Bürowand hinter sich hat der Archivar neben die Kreiskarte einen Spruch zur Berufsehre geheftet: »Ein Archivarius muss auch Schnellkraft, Unternehmungs- und Ausführungsvermögen, Hurtigkeit und Feuer haben. Mit schläfrigen Leuten ist überhaupt wenig, am wenigsten aber an einem solchen Posten ausgerichtet.« Von wegen Schläfrigkeit. Manchmal jagt der Puls vom »Archivarius« gehörig hoch: Dann muss Martin Kleinfeld sich kneifen, um zu kapieren, »dass das mir passiert, dass das wahr ist«.

Wie damals, als seine Hilfskraft bei einer Routine-Umbettung in einer, so Kleinfeld, »belanglosen Akte« im Keller Briefe entdeckte und zu ihm nach oben trabte. »Ob das was sei?« Auf den Dokumenten prangte ein Stempel des »Empire Français«, Originaldokumente aus der sogenannten Franzosenzeit. Der Name Napoleon tauchte auf. Die Papiere waren auf das Jahr 1813 datiert, es ging darum, wer welche Gelder für die Deichpflege zu zahlen habe. Eigentlich belanglos, trotzdem hauchte Kleinfeld der Atem der Weltgeschichte von den bräunlichen Knisterpapieren entgegen. Martin Kleinfeld erläutert, dass Harburg 1803 unter napoleonische Besatzung geriet, daher der französische Stempel. Die Kreisbewohner erlebten unter den Franzosen einen wirtschaftlichen Aufschwung, aber auch Zwangs-arbeit. Kleinfeld kennt die Geschichte des Landkreises aus dem Effeff.

Den besten Zufallsfund lieferte ihm eine Kreismitarbeiterin, die siebzig Regalmeter Flüchtlingsakten abgeben wollte. Es passiert nicht selten, dass Verwaltungsmitarbeiter nach dem Aufräumen bei ihm vorbeischauen. Bei einer Plauderei erfuhr er, dass die Mitar-beiterin einen alten Koffer besaß, auf dem, so sagte sie geheimnisvoll, »Bismarck« geschrie-ben stünde. Was sich darin fand, gleich als drittes Blatt, konnte Kleinfeld kaum fassen: Ein Brief von Ferdinand Lassalle an Reichskanzler Otto von Bismarck. Es war tatsächlich ein Originaldokument mit Bleistiftsignaturen aus den Memoiren Bismarcks. Außerdem ein Bericht über die Entlassung von Reichskanzler Graf Leo von Caprivi (1831–1899) sowie zwei Berichte über die Kehlkopfoperation des Kronprinzen Friedrich Wilhelm von Preußen. »Ich dachte, ich kipp vom Stuhl«, sagt Martin Kleinfeld in seinem Dach-geschossbüro in Winsen.

Der Fund ließ sich aufklären, Kleinfeld fand heraus, dass der Vater der Mitarbeiterin in einer Papiermühle bei Parchim gearbeitet und die historischen Dokumente wohl aus dem Altpapier gerettet hatte. Kleinfeld gab die Dokumente an das Bismarck-Archiv in Fried-richsruh ab. Die Experten waren aus dem Häuschen, jubelten. »Ich darf da nicht raffgierig sein«, erklärt Kleinfeld, der Kreisarchivar aus Winsen, bescheiden.

Seit 2004 leitet der promovierte Historiker mit Spezialgebiet »Franzosenzeit«, Nach-kriegszeit und Wirtschaftsgeschichte das Kreisarchiv des Landkreises Harburg. Als Sekun-därtugenden sollte ein Archivar »einen gewissen Ordnungssinn mitbringen«, sagt er, »und die Beständigkeit, auch gleichförmige Arbeiten zu tun, sonst entstünde heilloses Chaos«. Wer zu viele Altlasten produziere, gehe unter. Ein exzellenter Historiker tauge also nicht zwingend zum Archivar. Kleinfeld lächelt in sich hinein, er könnte Beispiele aufzählen, will er aber nicht. Er lehnt sich zurück und hüpft von einer welt- und kreisgeschichtlichen Anekdote zur nächsten. Er kommt in Fahrt: Ursprünglich gehörte das heutige Kreisgebiet zum Kurfürstentum Braunschweig-Lüneburg, umgangssprachlich Kurfürstentum Hannover. Die Zeit Napoleons brachte die französische Besatzung, die 1814 endete und das Königreich Hannover hervorbrachte, das die Preußen 1866 wiederum annektierten.

Der Archivar beendet seine kleine Geschichtsstunde und bittet in den Fahrstuhl, um geschwind in sein Kellerreich hinabzusurren. Kleinfeld hütet den Archivschlüssel für 200 Quadratmeter Landkreisgeschichte. Es ist kalt im Keller. Neonleisten strahlen auf gleichförmige graue Rollregalreihen, an der Wand mahnt ein Schild »bitte nicht rauchen«, daneben hängt eine Schwarzweißfotografie, »Sitzung des Kreisausschusses des Landkreises Harburg am 4. April 1925«. Kleinfelds Akten lagern ordentlich in grauen Schachteln aus säurefreiem Karton. Mit Signaturen.

Liebevoll öffnet er einen Karton und zieht eine Akte: Ein Papier mit dem Titel »Wegen Besitznahme des vormaligen Königreichs Hannover« von 1866 birgt für den Landkreis ein bedeutendes Stück Geschichte. König Wilhelm von Preußen zeigt darin nach gewonnenem Krieg an, dass er die Gebiete des vormaligen Königreichs Hannover, zu dem das Kreisgebiet gehörte, in Besitz nehmen wird. Die Welfen wurden so vom Thron gestoßen und das Königreich Hannover wurde zu einer preußischen Provinz. Diese Originale sind die Bonbons im Archiv. Aufgehoben werden pflichtmäßig aber auch die alltäglichen Dinge, die einen Spiegel des normalen Lebens liefern: alle Akten des Kreisausschusses, des Kreistages und der Kreisverwaltung ab ungefähr 1885. Knapp acht Regalmeter beheimaten eine Presseausschnittsammlung von 1948 bis 2002. Der Kreisverband der Landfrauenvereine hat Akten eingelagert sowie die Allgemeine Ortskrankenkasse Winsen.

Das eigene Auswahlmotto von Kleinfeld lautet: das geschichtlich Zwingende und Spannende, das Dicke, das Langweilige. »Prinzip Martin« witzelt er, ein späterer Besucher solle schließlich kein falsches Bild vom Verwaltungshandeln bekommen und denken, es sei nur Spektakuläres passiert. Dafür braucht er das Langweilige.

Unter der Signatur KSS lagern im Nebenraum »Kriegssachschäden«. Kleinfeld öffnet routiniert das Rollregal, blickt kurz in die Akte und erklärt: »Hier sieht man, wie der Zweite Weltkrieg bürokratisch abgewickelt wurde.« Für Bombenschäden konnten die Menschen im Landkreis Pfennigbeträge für kaputte Marmeladengläser geltend machen, aber zu essen gab es nichts. Kleinfeld unterhält den Besucher bei seiner Archivführung: Auf vergilbten Kirchenakten mit der Nummer K0407 zeigt er im zweiten Keller auf die Anrede- und Höflichkeitsfloskeln: »hochzuverehrende Amtsschreiber« heißt es 1860 in royalblauer Tinte oder »der ich in tiefster Devotion ersterbe«. Kleinfeld kichert. Von einigen Akten mit Schlammspuren schnipst er Dreck. 1944 wurde sein Archiv von einer

Phosphorbombe getroffen, auf einigen Landkreisakten sieht man daher noch Löschwasserspuren. Andere Akten tragen einen Vermerk: »Vorsicht, starker Schimmelbefall.« Im Regal lagern Handschuhe und eine Atemschutzmaske, doch die benutzt Kleinfeld nicht. Immerhin: Den Schimmelpilz aus dem Fluch des Pharao, bei dem die Archäologen beim Öffnen der Grabkammern tot umfielen, haben sie in Winsen nicht.

Manchmal lebt Kleinfeld seinen, so nennt er es, »Tim- und Struppimäßigen Forschertrieb« im Job aus. Kommt ein spannender Hinweis, nimmt er »die Spur auf«. So war es mit dem Legat eines Pestarztes. Immer schon wusste er, dass es das Legat gab. Irgendwann fand er es. Wieder ein Volltreffer für Archivarius Kleinfeld.

Sein Job könne prickelnd sein, erzählt er, richtig ergreifend: »Da blicke ich auf die mit Hand geschriebenen Nöte eines Menschen vor dreihundert Jahren.« Manchmal sind das richtige Gänsehautmomente, denn hinter den Geschichtszahlen und Archivsignaturen verbergen sich Geschichten: »Geschichte ist die Summe vieler menschlicher Schicksale«, philosophiert Kleinfeld. Zu seinem Lesezirkel, einem Kreis begeisterter Historiker, will er als nächstes den Brief mit dem französischen Empire-Stempel mitnehmen. Eine Hälfte ist auf Französisch geschrieben, die andere Deutsch, in alter Schrift. Eine Herausforderung für den Winsener Archivarius und seine geschichtsbegeisterten Freunde.

DIE KUNST LIEGT AUF DER STRASSE

Dass in der Nordheide die Kunst am Puls der Zeit ist, würde nicht jeder vermuten.
Doch in zehn Jahren arbeitete sich der Kunstverein Buchholz in die vordere Liga der Kunstvereine.
Preisverdächtig, das fand auch die Stadt Buchholz.

Brad Downey steht im Kunstverein Buchholz, er trägt dunkle Jeans, graues Hemd, die Haare rötlich-strubbelig, ins blasse Gesicht sind leuchtende Sommersprossen hineingetupft. Er murmelt ein paar Sätze mit einem schnarrigen englischen Akzent in sich hinein und schaut prüfend ein welliges Asphaltgebilde auf dem Boden an, Erdreste und Wurzeln kleben daran. Er umrundet es, bückt sich, prüft alle Ecken und Winkel des Kunstwerkes. In der Ecke des Raums steht abwartend eine junge Kunsthistorikerin, die jede seiner Gesten ehrfürchtig beobachtet. Downey bereitet gerade seine Ausstellung »Shallow« vor und da geht er keine Kompromisse ein, alles muss einfach perfekt sein. Sie, im Sommerrock, wird bei der Vernissage die einführenden Worte für die Besucher sprechen, sie kennt Downeys Werk, wird seine Arbeit erklären. Doch daran, dass ein erdbrockiger Asphalt zur Kunst erklärt wird, haben sich die Besucher des Buchholzer Kunstvereins ja eh längst gewöhnt.

Buchholz, allein der Name lässt nicht an die Kunstgalerien in New York oder London, nicht an die Whitecubes dieser Welt denken. Dass man es dennoch tut, liegt an dem Team des Kunstvereins und an international bekannten Künstlerrebellen wie dem jungen Kunststar Brad Downey, der sein Kunstwerk, einen Asphalt, vom Berliner Ostbahnhof in das kleine Buchholz kutschieren ließ.

Er konnte allerdings auch auf das besondere Engagement des Buchholzer Kunstvereins in der Kirchenstraße 6 im Zentrum von Buchholz zählen. Selbstverständlich rauschte Kunstvereinsvorsitzender Christoph Selke mit einem Sprinter am Berliner Ostbahnhof vor, um den Asphalt einzuladen, mühevoll, zehn Männer hievten ihn in die Räume des Kunstvereins in Buchholz hinein, der sensible Künstlerfinger von Brad Downey wurde dabei gequetscht und das Foto mit dem dunkellila gefärbten Daumen ging gleich in die Ausstellung ein.

Mittlerweile kommen zu solchen Ausstellungskonzepten fast die Hälfte der rund 2.000 Besucher im Jahr von außerhalb, eine Zahl, auf die der Verein hörbar stolz ist.

Sie kommen aus Hamburg, um die Ausstellungen in Buchholz zu sehen. Und Christoph Selke, der bis Mitte 2012 die Geschicke des Kunstvereins lenkte, erlebte dabei schon die aberwitzigsten Dinge, die er gerne als Anekdoten erzählt. Sie reichen vom exzentrischen Kunstsammler, den er auf einem Hof hinter Reinbek besuchte, bis hin zur glaubensgemeinschaftsartigen Künstler-WG auf dem platten Lande. Als Selke, der mal im Trainingsanzug, mal mit Seidenschal unterwegs ist, auf den Hof des Kunstsammlers einbog, leuchtete der Schnee auf dem Hof rot vor Blut, zwei Bottiche entdeckte Selke mit Überresten von Tieren. Bei dem Sammler, einem leidenschaftlichen Jäger, fehlte nur noch die Flinte in der Hand zur Begrüßung. Doch andererseits standen da auch echte Balkenhol auf der Wiese herum, war das Haus voller Kunst. Kunstmenschen ticken manchmal anders als normale Menschen.

Selke, der seit über 40 Jahren im bildungsbürgerlichen Buchholz lebt und für den Kunststar Daniel Richter die Organisation erledigt, erinnert sich auch an die betrunkenen Jungkünstler, die er einen Tag vor ihrer Ausstellungseröffnung mit Dosenbier auf dem Boden im Kunstverein erwischte, nichts war fertig. Da heißt es Nerven bewahren. Und dann die Besucher: Über die Ausstellung »Ideallinie« von Baldur Burwitz, die nichts als eine weiße Linie auf dem Boden zeigte, die auch noch alles andere als gerade war, erhitzten sich die Gemüter. Nicht alle Gäste wollten das dem Jungspund Burwitz durchgehen lassen. Macht nichts, dachte Selke, das Motto der Buchholzer heißt sowieso: »Most art says nothing to most people.«

Sechs Ausstellungen im Jahr, das ist das Prinzip des Vereins. Das Team möchte vor allem den vielen namenlosen Jungkünstlern gerecht werden, die, wie Selke sich ausdrückt, nachts auf ihrem Atelierboden schlafen, kein Geld in den Taschen haben, aber an ihren Traum und an ihre Kunst glauben. Das nötigt ihm Respekt ab, das will er, das will das gesamte Team des kleinen Kunstvereins unterstützen. Selkes Traum: »Dass einer unserer Jungkünstler es schafft, berühmt wird, daran glaube ich.« Er grinst.

»Nicht locker lassen«, »Dinge bewegen«, etwas mit Kunst für Buchholz tun und die Kultur vor Ort zu vernetzen, darin sieht Selke Ziele des Kunstvereins. Doch eigentlich stieß der Buchholzer Kunstverein seit seinen Anfängen 2001 nie auf nennenswerte Widerstände: Irgendwann fanden Selke und andere Mitglieder der »AG Bildende Kunst in Buchholz« mal, dass es hier einfach zu viel Spannendes gäbe, dass eine Ausstellung alle zwei Jahre einfach zu wenig wäre. So wurde die Idee des Kunstvereins geboren. Mittlerweile werden vier junge, unbekannte Künstler im Jahr gezeigt, ein regionaler Künstler und eine bekannte Position. Fertig ist der Erfolgs-Mix oder in Selkes Worten das »Qualitätsprinzip«.

Manch einer dachte beim Namen Buchholz allerdings auch, dass hier einfach jeder mit Kunstambition ausstellen könne, so in der Provinz. Doch es kann eben nicht jeder ausstellen. »Wir zeigen Positionen, die neu sind, Sichtweisen verändern, die neu mit der

Materialität der Werke umgehen oder eine ungewohnte Formensprache finden - es kommt auf die Verschiedenartigkeit des Programms an«, so drückt es Selke aus und gerät richtig ein wenig in Fahrt. Ruhig mal die Enge der Kleinstadt aufmischen, das ist das Prinzip des Kunstvereins, weit mehr als sechzig Ausstellungen hat es in den gut zehn Jahren Ausstellungsarbeit gegeben. Und die Bewerbungen übertreffen weit die Zahl der gezeigten Positionen. Welche Künstler gezeigt werden, darüber entscheidet der »Prickelfaktor«. Selke sagt: »Kunst muss prickeln.«

Für all das bekam der Kunstverein nach zehn Jahren endlich einen Preis, den Kunstpreis der Stadt Buchholz, verliehen. Vielleicht bekam er ihn auch deswegen, weil sich der Kunstverein nie gescheut hatte, mit seiner Kunst hinauszugehen: Auf dem Buchholzer Stadtfest richtete er die 15 Quadratmeter große Kneipe »zum falschen Freund« ein, ein Kunstwerk von Thorsten Passfeld, das bis spät in die Nacht von feiernden Besuchern frequentiert wurde. Auch dann, als alles andere schon geschlossen hatte, wurde in der Kneipe »Zum falschen Freund« noch ausgeschenkt. Und mit Boxi, dem Street Art-Künstler, zeigten sie ihre Aufgeschlossenheit zur Sprayer- und Street Art-Szene. Seit Mitte 2012 steht mit Sven Nommensen ein Kunsthistoriker an der Spitze des Kunstvereins. Gemeinsam mit Bärbel Blunck, die schon mal auf Besuchsfahrt zu jungen Künstlern nach Rothenburgsort fährt und in den heruntergekommenen Ateliers nach Talenten spürt, sind sie weiterhin um ein aufregendes und zeitgenössisches Programm bemüht.

Der Asphalt von Brad Downey hat nach der Ausstellung in Buchholz übrigens ein Zuhause gefunden: Er liegt in einer Hamburger Kunstsammlung. Für 20.000 Euro soll er den Besitzer gewechselt haben, verrät Selke, und an einen einschlägig bekannten Jungsammler gegangen sein, der sogar einen tätowierten Rücken als Kunstwerk kaufte. Denn auch das ist Kunst: manchmal ziemlich verrückt, und der Buchholzer Kunstverein pflegt beste Kontakte dahin. Downey, so hört man, hat es in Buchholz ganz gut gefallen.

RAUS AUS DEM LANDKREIS – EINE ERFOLGSGESCHICHTE

Der Autor Heinz Strunk beherrscht den Sound des Scheiterns wie kein Zweiter – doch der
Landkreis Harburg hat ihn von der Verlierer- auf die Gewinnerseite katapultiert –
mit seinem Roman »Fleisch ist mein Gemüse« – und ihm dafür auch noch einen Kulturpreis verliehen.

Groovt man sich in den Sound von Heinz Strunks Leidensroman, so kann beim Gedanken an den Landkreis Harburg nur ein Gedanke aufkommen: Flucht. Strunk hat dem Landkreis Harburg mit seinem Adoleszenz-Roman »Fleisch ist mein Gemüse« ein Denkmal gesetzt. Ein ironisches. Dem Landkreis selbst kommt darin eine prominente Rolle zu: Nicht nur, dass Winsen Stützpunkt seiner Band »Tiffany's« war, die Strunk in den achtziger Jahren als Tanzmusiker ernährte, das Panorama des Scheiterns läuft ebenfalls vor schönster Landkreiskulisse ab.

Bei den Mucken, den »musikalischen Drittweltveranstaltungen«, wie Strunk die Beschallung von Schützenfesten, Hochzeiten und Rentnertanztees im Landkreis Harburg nennt, trifft er Frauen aus Klecken an der Sektbar, erleidet die dadaistischen Sprüche seines Bandleaders Gurky (»Jaaa, liebe Freunde! Swingtime is good time, good time is better time«) und steht mit pulsierenden Akneflechten in Landgasthöfen oder bei Provinzhochzeiten auf der Bühne. Beim Garlstofer Schützenfest muss er auf Tuchfühlung mit einer sexhungrigen Jungschützenkönigin gehen und der Hollenstedter Faslam führt ihn schließlich ins »Höllengasthaus Kroll«. Doch der Sound des Scheiterns, den Strunk so gut beherrscht, lässt sich noch eine Spur düsterer timbrieren.

Beim Todtglüsinger Faslam im Gasthof Bruhn offenbart sich Heinz, dem pink befrackten Saxofonisten, ausgestattet vom Zombieunternehmen Uniformen Heinemann, so beschreibt er das »Panoptikum des Schreckens« im Katalog des Künstlerausstatters, eine Hölle auf Erden: »Brandstiftung, Amoklauf, Kannibalismus, alles schien denkbar«, schreibt er. Im Leser weckt das einen wohligen Voyeurismus, gern möchte man dem Antihelden, der keine Aussicht auf Frauen, Geld und Erfolg hat, fröstelnd zur Seite stehen. Die Band »Tiffany's« ermöglichte Strunk zwar die Abkehr von den Zuwendungen des Finanzamtes Hamburg-Harburg, doch das Dasein als Tanzmucker, bleich wie der Vollmond und im pinken Frack, hat ungefähr so viel Sexappeal wie das Dasein als Straßenreiniger. Die Begegnung mit »besonders hemmungslosen Biestern«, wie Strunk unerreichbare »Sexbomben« nennt, beschreibt er als fortwährende erotische Apokalypse in seinem Roman, ein Leitmotiv.

Irgendwann, als Heinz Strunk alias Mathias Halfpape, Jahrgang 1962, selbst nicht mehr an so etwas wie Erfolg in seinem Leben glaubte und als »Arbeitsbeschaffungsmaßnahme« anfing, ein autobiographisches Buch zu schreiben, irgendwann nach seinem vierzigsten Geburtstag, wendete sich das Blatt. Mehr als 400.000 Mal verkaufte sich seine autobiographische Nabelschau »Fleisch ist mein Gemüse«. Sein literarisches Debüt katapultierte ihn 2004 auf die Seite der Gewinner. Was für eine Läuterung! Ein Jahr später gab es seinen Roman bereits als Stück auf der Bühne des Hamburger Schauspielhauses, eine Hörbuchversion erschien und dann klopften sie auch wegen der Filmrechte an.

Strunk wohnt heute auf der anderen Elbseite, der »richtigen«, in einer Wohnung mit Dachterrasse auf dem Hamburger Kiez. Die Zweit- und Drittverwertungsmaschinerie läuft reibungslos: Kochschürzen mit »Fleisch ist mein Gemüse«-Aufdruck sind zu kaufen und der Soundtrack zum Film liefert »Hello Mary Lou«, »Danz op de Deel« und »Sun of Jamaica« einwandfrei nach Hause. Der Roman wurde vom Regisseur Christian Görlitz verfilmt. Filmteams rückten dazu in den Landkreis, um an Originalschauplätzen zu drehen. Der fertige Film feierte dann im April 2004 im Cinemaxx-Harburg Premiere und zum Festschmaus mit rohem Hack, Sülze und Rippchen ging es für die Filmhipster in das

»Landhaus Jägerhof« am Ehestorfer Heuweg mit eigener Bundeskegelbahn und Schieß-stand des Schützenverein »Hausbruch, Alt- und Neuwiedenthal«. Die Gäste konnten von der ironischen Spielerei mit dem verstaubten Provinzschick plötzlich gar nicht genug bekommen, Harburg, der Underdogort, war cool, die Grenzen von Harburg Stadt und Landkreis Harburg verschwammen, Landgasthöfe mit Siebziger-Jahre-Tapete und Hirsch-geweih an der Wand galten plötzlich als der letzte Schrei.

Plötzlich standen da coole Filmleute auf dem roten Teppich und wurden vom Haus-herrn Horst Soltau im Jägerhof empfangen. Der FC St. Pauli war da, Moderatorin Julia Westlake und Olli Dittrich. Die Presse kam: Spiegel Online, das Hamburger Abendblatt und Die Welt berichteten, wo sonst das Wochenblatt, der Winsener Anzeiger und die Harburger Anzeigen und Nachrichten regieren. Dem Regisseur Christian Görlitz liehen die anwesenden Schützen vom Verein Harburg Altstadt auch noch ihre Königskette, und Heinz Strunk, graue Haare, rötlicher Bart, mit Aknenarben, die von einem raueren Leben zu zeugen schienen, präsentierte sich im enggeschnittenen Designeranzug und mit Sonnenbrille, stand jedoch laut Beobachtern schüchtern, beinahe geschockt über den Rummel um sein Leben am Rande.

Eine Metamorphose vom Underdog zum Dandy hatte sich vollzogen, die offenbar auch Strunk verblüffte. Ein bisschen von dem Glanz bekamen selbst die Harburger Phoenix-werke ab. Eine Leserin raunte nämlich im Shuttle-Bus: »Ah, das sind die legendären Phoenixwerke.«

2010 ereignete sich dann noch etwas, das vermutlich selbst Strunks komödiantisches Talent nicht für möglich gehalten hätte. Der Landkreis, den er so gut verlacht hatte, »schlug« zurück. Sein Telefon klingelte. »Strunk«, knarzte es aus dem Hörer. Am anderen Ende war eine nette Frauenstimme, die Strunk erzählte, dass er der neue Preisträger des »Blauen Löwen«, des Kulturpreises des Landkreises Harburg sei. War das ein Scherz? Nein, am 2. November 2010 gab es für ihn den Preis im Hittfelder »ric«.

Und plötzlich war er doch aufgeregt, wie er da so vor den Leuten in der Provinz stand, die er so punktgenau mit seinem Humor in »Fleisch ist mein Gemüse« aufgespießt hatte. Vielleicht sei seine Rede etwas bieder ausgefallen, murmelte er mit belegter Stimme, dann musste er auf die Bühne. Bei der Feier stand Strunk nun da und plauderte mit dem Kultur-preisträger Ole Ohlendorff, schüttelte Hände, füllte sein Weinglas, staunte. Auf dem alko-holisierten Rückweg im Taxi mit seinem Laudator Boris Lauterbach und der eigenen Freundin verriet Strunk etwas: Er schreibe an einem Roman über den Serienmörder Fritz Honka. Dieses Jahr soll er fertig werden und »Honkas Handschuh« heißen, diesmal eine Geschichte in der dritten Person Präsens. Strunk ließ im Taxi noch etwas durchblicken: Ehrgeizig sei er, die Feuilletonisten schienen ihn zu ärgern, die ihn auf seinen erfolgreichen Erstling reduzierten. Er will ein guter, ein ernstzunehmender Literat im Fach Humor sein.

Ob Strunk noch manchmal in »seine« Gasthöfe einkehre, ließ sich im Taxi nicht präzise ermitteln, Strunk hing seinen eigenen und vom Alkohol gelockerten Preisträgergedanken nach. Doch Strunk ist auch als Abwesender im Landkreis anwesend. »Bestimmt, da bin ich mir sicher«, so Heinz Strunk, »erinnert sich das eine oder andere Ehepaar am Hochzeitstag regelmäßig und wohlwollend an die fleißigen fünf Männer mit den beiden verschiedenen Garderoben, die den schönsten Tag im Leben erst so richtig zu einem Erlebnis werden ließen.« Sie tun es, Heinz.

P.S.: Einer von der Band »Tiffany's« arbeitet sogar in der Kreisverwaltung.

Kunstverein Buchholz

Bauernstube, Wennerstorf

Hünengrab, Klecker Wald

Tiffany's

Welfenpyramide, Langenrehm

Kunststätte Bossard, Jesteburg

Kirche, Ramelsloh

Hermannshof, Wistedt

Dahliengarten, Winsen

DER LANDKREIS IN ZAHLEN VI

Kultur

Geschichte des Landkreises Harburg, in Rollregalmetern: **800**

Bücher in Johann Michael Bossards Bibliothek: **2.500**

Bemalte Scheiben im Kunsttempel der Kunststätte Bossard: **480**

Jährliche Besucher der Kunststätte: **zwischen 18.000 und 20.000**

Jährliche Besucher im Freilichtmuseum »Am Kiekeberg«: **230.000**

Ausstellungsfläche des Agrariums, in Quadratmeter: **3.300**

Ehrenamtliche Tätigkeit »Am Kiekeberg«, in Stunden: **20.000**

Hof, Laßrönne

Feldweg, Pattensen

Wümme, Königsmoor

Scheune, Rosenweide

Elbfähre, Hoopte

Feld, Tangendorf

Krechsiedlung, Tostedt

Este, Langeloh

Feld, Niedermarschacht

Hof, Toppenstedt

Seevetal

STEFANIE MAECK

1975 in Hamburg geboren, studierte Germanistik, Philosophie und Französisch
und schrieb ihre Doktorarbeit über »Authentizität und Narzissmus«. Als freie Journalistin
schreibt sie unter anderem für »DER SPIEGEL«, »Stern« und »brand eins«.
Stefanie Maeck lebt in Hamburg.

MARTIN KUNZE

1961 in Hamburg geboren, Fotografiestudium in Essen, arbeitet in den Bereichen
Architektur, Portrait und Reportage für Firmen und Verlage. Lebt in Hamburg.

IMPRESSUM

HERAUSGEGEBEN VOM LANDKREIS HARBURG

TEXT   Dr. Stefanie Maeck

FOTOGRAFIE   Martin Kunze

KONZEPTION REDAKTION   Dr. Björn Hoppenstedt Georg Krümpelmann Bernhard Frosdorfer Hilde Friedrich

SATZ LAYOUT GESTALTUNG   Rothfos & Gabler, Hamburg

DRUCK   Beisner Druck GmbH & Co. KG, Buchholz i.d. Nordheide

Copyright für die Fotografien beim Landkreis Harburg sowie für Heinz Strunk bei Philipp Rathmer

© 2012 Landkreis Harburg Selbstverlag Schlossplatz 6 21423 Winsen (Luhe)

ISBN   978-3-9815626-0-6